THE REBIRTH OF PHILOSOPHY

哲学的重生

SHU QI

书奇 著

AMERICAN ACADEMIC PRESS

AMERICAN ACADEMIC PRESS

By AMERICAN ACADEMIC PRESS

201 Main Street

Salt Lake City

UT 84111 USA

Email manu@AcademicPress.us

Visit us at http://www.AcademicPress.us

Copyright © 2025 by AMERICAN ACADEMIC PRESS

All rights reserved, including those of translation into foreign languages.

No part of this publication may be reproduced, stored in a retrieval system, or transmitted in any form or by any means, electronic, mechanical, photocopying, recording, or otherwise, now known or hereafter invented, without the prior written permission of the AMERICAN ACADEMIC PRESS, or as expressly permitted by law, or under terms agreed with the appropriate reprographics rights organization. Enquiries concerning reproduction outside the scope of the above should be sent to the Rights Department, American Academic Press, at the address above.

The scanning, uploading, and distribution of this book via the Internet or via any other means without the permission of the publisher is illegal and punishable by law. Please purchase only authorized editions and do not participate in or encourage electronic piracy of copyrighted materials. Your support of the publisher's right is appreciated.

ISBN: 979-8-3370-8956-0

Distributed to the trade by National Book Network Suite 200, 4501 Forbes Boulevard, Lanham, MD 20706

10 9 8 7 6 5 4 3 2 1

内容简介

本著是由十四篇论文组成的论文集。其学术特点是以准确、精炼的定义为逻辑起点，对事物概念进行本质解读；彻底解决了人类社会以往传统哲学因不能对人文价值基础概念（如人、文化、文明、伦理、道德、正义、自由、幸福、爱情等等）之正确的定义把握、而无法阐明其精髓的思维困境；使维特根斯坦之"……凡不可说的则必须保持沉默"——永远不在沉默！

作者简介

本名武鹤年；1957 年 11 月生于北京。1976 年底高中毕业；1977 年 3 月至 1979 年 10 月北京郊区密云县（当时是县）穆家峪公社插队。1980 年 1 月至 1989 年 6 月交通部在京直属行政事业单位从事财务工作；期间 1983 年 10 月始在职就读中国人民大学党政干部基础理论专业，于 1987 年 10 月毕业（大学专科）。1989 年 7 月至 1997 年底中国农村国际信托投资公司直属子公司从事行政与经营工作，后离职至 2017 年底退休；主要从事社哲方面基础理论的钻研与写作。

序言

人类的定义：文化动物（人类社会'第一定义'）；即人类是以创造、发展出文化"才得以与"其它动物区别开来的。那么保持持续、不断的文化创造与发展，就是人类"赖以"维系自身为人类的不二法则——而持续、不断的文化创造与发展"又依赖于"文明的民主制度。为此人类依赖于文化、文化依赖于文明，所以"人类的信仰[1]"就应该是：不变的依赖文明之民主，以维护和促进持续、不断的文化创造与发展——因为信仰的定义是"不变的依赖"。不依赖于文化你就不是人类，不依赖于文明你就无法持续、不断的促进文化的创造与发展：一个极端禁锢之邪恶的野蛮社会、国度或世界，文化将因窒息而停滞，因专横而倒退，因残暴而毁灭！——这已被史实所明证。

上述人、文化、文明与信仰关系之简练而清晰的结

---

[1] 关于文化、文明、信仰的定义推导见本著第一部分《共同的信仰》第一篇"改写历史：让文明走出误区——之一、二、七"

论，是以"定义的精确"为基础推导出来的；而且以"定义的精确"为基础去推导其他哲学社会科学领域里的议题、同样的思路通顺，疑团顿失。我的这本论文集就是证明[2]。

---

[2] 至于我的定义是否正确、得没得到大家的认可？道理是这样的：据说毕达哥拉斯发现毕氏定理后宰了一百头牛庆祝了一番；至于他宰了一百头牛还是一头牛不重要，常态是人们做成了一件事、完成了一个心愿、达到了一个目的,大都会以各种形式庆祝一番。可他要不要等到人们对其定理的认可才庆祝呢？——不必！因为他只要以这个定理去衡量所有的"直角三角形"都成立、他就可以庆祝了。我的定义亦如此理。这里举两个例子说明一下：
一、完美的定义：好到十分。那么现实生活中有没有"好到十分"的事呢？——有！人们在观看奥运会、世锦赛的体操或跳水比赛时、运动员每完成一个动作后现场时常会响起一片叫好声：好、好、好……"好到'什么程度'"？我们看裁判的打分：7、8、9、10……平均分不到十分；但确实有所有裁判都给 10 分的情况，这样"好到十分"——"完美"就出现了。再有诸如日本、德国等世界先进国家的精密仪器与高端设备制造之精雕细刻、品质卓越、有口皆碑、从而引领潮流，也都是追求完美并做到完美的结果。
二、灵感的定义：神奇的意念。读者对"这五个字"仍有困惑吧？此"神奇的意念"又做何解呢？——正常的追问。因为这是个需要"二次定义"的定义，即对"神奇的意念"继续给出定义：出人意料的心思和想法；这样灵感的定义就是"出人意料的心思和想法"——凡是有过灵感的人"都不会"反对此一定义吧！？需要特别强调的是：灵感不仅仅存在于科学家、发明家、艺术家的头脑里，"它"理应存在于每一个人的头脑里——人类的本能使然。因为人类的"心智成长与文化创造"不仅需要智慧（定义见最后一篇：不必沉默……）而且需要灵感。所以理论上讲是人都会产生灵感；那就是人们在成长的不同阶段的某一时刻,会突如其来、莫名其妙、出人意料的明白了一件事、通透了一个道理、或了然了一个迷局。
　　由此想到一个问题：人工智能"有"灵感吗？"能"产生灵感吗？——用我的定义测试一下。

数学是以定理支撑的；物理学以定律支撑；哲学要用定义支撑。

书　奇　2025年10月26号　北京

阅读建议

先通读一篇的正文,使之得到一个大致、框架性的脉络意会;而后正文加注解的审视:去理据、充实、丰满一篇完整的逻辑论证。

本著所有论文均完成于 2016 年底之前。

目录

序言 III

阅读建议 VI

一 共同的信仰 1

改写历史：让文明走出误区

——致古往今来的亨廷顿们 2

民主本身只确定一件事：我们的权利属于我们

——民主首先是目的其后才是手段：解释埃及 ... 21

为什么说：民主是政治正确的唯一选择 25

二 重要的关系 29

狭义发展和广义发展及与制度的关系

——剥削因垄断而非资本：致马克思 30

狭义自由和广义自由及与民主的关系 38

不公产生于"不平等"不产生于"不一样" 44

"存在即合理"

——也有不合理：相对与绝对 47

三 我们的生活 53

幸福与幸福指数及苦难与苦难指数

——实践人类幸福的具体操作模型 54

老婆老妈先救谁 狗该不该被食用

——伦理、道德、与法律 65

爱情与浪漫 美丽 性感 魅力 77

四 艺术的标准 **84**

什么叫艺术及艺术与商业的区别 85

大师与艺术家的区别及艺术创新的三个层次

——设立大师奖的理论依据 90

滑稽、讽刺与幽默：关于喜剧的表达方式 96

五 哲学的重生 **108**

不必沉默：凡被命名的事物都可以说清

——致路德维希·维特根斯坦：新哲学 109

一 共同的信仰

改写历史：让文明走出误区
——致古往今来的亨廷顿们[1]

点题：本文的核心意义是从精确的定义出发，系统论证、逻辑地推导出一个"一致性的人类'基础'信仰"；完成了将信仰从原始到现代的理论实践。并为弭合现实世界中信仰的分歧与分争，使其科学化提供了思想依据。

一　文化与自由

"文"指各类物质运动的现象与痕迹。天文：天体运动的现象与痕迹；水文：水域运动的现象与痕迹；地文：地质运动的现象与痕迹；人文：即人类运动的现象与痕迹。人类运动（活动）的对象是自然（包括人自身），而"化"即是指：人类对其活动的对象予以形式上以及本质上的改变（化）来适用于人类自身。这种对原有事

---

[1] 亨廷顿：已故哈佛大学教授，《文明的冲突》一书作者。而且古往今来的著书立说者们基本都与亨廷顿一样：不是将文化与文明混为一谈，就是不能明确的指出两者的本质区别。

物的改变叫"创新"。但对任何事物的创新都面临着两种结果：一是不被普遍的接受，导致新发生的事物"不能展开"于市场——失败；二是被普遍的接受，使得新发生的事物"逐级展开"于市场——成功。因此创新的定义是：被改变的原有事物；发展的定义是：被市场接受的创新；则文化的定义就是：被人类发展的自然。自然的定义：本来如此（或'上帝'的文化）!

自然本身和被人类发展的自然，与描述它们的文字（象形符号或表音符号）、语言（示意的话）[2]以及宗教信仰属于初创文化；思想理论，文体艺术属于衍生文化[3]。法律体系和组织设置也属于衍生文化、它们是用来协调与解决人们之间以及人与自然之间各种互动关系的规则与机构。

文化源于发展、发展源于创新，那么创新源于什么呢？——源于"个体自由"。为什么是"个体"自由或者

---

[2] 据此可以推断：动物没有文字和语言,因为它们没有发展自然、创造文化的能力，所以产生不了"未经它们创造事物的"文字和语言（但动物有本能语言、即发出的各种声音；人类本能、文化语言都有）。

[3] 宗教的定义：被尊奉的礼法（此'礼法'指信徒们尊奉的仪式和信条而非世俗社会的礼节与法律）；由于信仰的定义是"不变的依赖"，则宗教信仰的定义就是：对被尊奉的礼法不变的依赖。思想理论指：客观世界与人类生活、实践在人脑中的逻辑状态（思想）及其系统外化（理论）。艺术的定义：表达的手段。

"自由"为什么是个体的呢？因为"自"字指定的范围就是"个体本身"，个体本身"个体"由（顺随）之。为此自由的定义就是：只涉及个体本身的行为、个体各去抉择——随心所欲，我行我素。如果一个个体的行为涉及到了任何其它的个体，它就超越了"自"的范畴。当一个个体的行为超越了"自身"涉及到其它个体时、请问：这各个体的行为"还能够"任其由之吗[4]？？所以现实生活中才常常出现这样的用语："一个人"自由自在的多好啊；"一个人"想干什么就干什么、想怎么样就怎么样；歌词中也有"孤独的"自由《红豆》、"放弃自由"喜欢两个人《喜欢两个人》……主体都是单数。最能说明自由本质内涵的莫过于"思想自由"、"心灵自由"一类的表述：因为没有外化为行动的思想、心灵"只能限于个体本身"，而个体本身的思想与心灵是不会受到"任何"约束的（可以受到影响），它想不自由都不行——办不到！否则何来"胡思乱想"、"异想天开"之语呢？因此人们常说的"创作自由"在现实中都是以个体为终端

---

[4] 当你的行为涉及到其他个体时分两种情况：一是各方权利平等的互动行为(民主)；另一种是将自己的意志强加于对方的行为(专横)。这第二种行为古、今、中、外，不论是文献记载、口述，还是影视文艺作品中：有谁见闻过"把它"称之为自由的吗？？——没有！其称谓都是霸道、野蛮、残忍……之贬义的谴责。

完成的；即便是所谓的"集体创作"其在实施的过程中也都是将"集体创作的标的分解后"由个各个体以独立的形式完成而汇总的结果。所以，文化发展的源头都是以"个体自由"之畅想、探索、创新为本源的。

由于人之大脑的发达催生了人之思维的发达，进而形成了个体思想之探索的自由:使得人类最终拥有了"发展自然"的能力而创造出文化。至此，人类脱离了动物进化到今天（或许人类本来就是一个独立物种，天生具有创造文化的能力）。

在个体自由以及个体自由之创新成果[5]走向市场、推动文化发展并参与对文化财富之分配的过程中，产生出

---

[5] 并非所有的个体都要成为文化成果的"直接"创造者，但整体、系统、宏观的讲:所有个体都是人类文化创造的参与者！——因为不论是牛顿、爱因斯坦……的自然科学理论，还是各个领域的社会科学理论:要想转化为人类的实际应用、都离不开众多领域的分头"再创造"与为各级创造性工作提供基础工作的广大个体以及公众参与的各种社会科学理论的实践活动。并且各个方面文化创造者的创作成果都不可或缺的需要一个可观的受众群来使之形成市场:如果没有相应的市场规模，再好的文化成果也只能被束之高阁。所以宏观而言文化成果的创造者、享受者、传承者均需千千万万；微观而言的文化创造者如诺贝尔、爱迪生、乔布斯……以及衍生文化（社科、文体）的创造者需要一批；像牛顿、爱因斯坦这样的，文化创造发展的指路人一个就够。广大的个体不仅是整个人类文化创造发展的生态必须，是各种文化成果必要的市场，还是产生文化创造者、指路人之必须的分母。因此在人格（同类的标准）上各领域、各层级人们之间是完全一致的，没有谁是没有意义、没有价值的:所以他们都应拥有一样的权利，并享有基本的幸福（基本幸福见四）。

各种各样的矛盾是个必然现象（趋利避害本能）。在处理和解决这些矛盾的时候始终呈现出两种本质相悖的方式：文明与野蛮。

二 文明与野蛮

依据前述，不论是"人文"之文还是"文化"之文、都意指人类的行为；"明"则指外露不蔽、公开透明。人的行为（从事的事儿）公开透明：是个利益体之间利益互动得以公平、公正的基础（个利益体的行为涉及到其他利益体时，比如合作、交友，你就要相应的公开你的意图、资质；如果'只涉及自身'属于自由的范畴，你用不着对他、她人公开什么）；而个利益体之间利益互动在三公[6]原则基础上的共同抉择就是民主。则文明的定义就是：人类行为民主化。因此，文明与文化是两个本质上有着显著区别的词。文化：名词、褒义——它是指"人类发展自然的结果"；文明：形容词、褒义——它是指"人们之间互动时的一种方式（另一种方式是野蛮）"、它们是两个完全不同的概念！所以文化不等于文明，那么文

---

[6] 三公之公开指：涉及共同的事要透明、不隐瞒；公平指：商议、确定共同的事，权利对等；公正指：抉择共同的事要服从多数。

化史也就不能等同于文明史。如果世界上每个国家的历史都能被称之为"文明史"的话,那希特勒时期的德国、以及军国主义时期的日本……岂不也都属于文明史了吗?!

文化因地域、民族、种族的不同以及个体自由的差异在各个领域和范围呈现出的千姿百态是个必然现象,其兴衰由市场决定;文明作为处理、解决:在文化发展和对文化财富进行分配的过程中产生的各种矛盾的一种方式,其"自身"何来冲突的呢?!

文明之"民主"的确切定义是:涉及所有个体利益的行为、所有个体共同抉择——一致或多数原则。所谓一致原则即两个(含两个)以上少数个体共同抉择一项事物时适用的原则;如婚姻[7]需当事双方一致通过,还有三个及以上少数个体的"一票否决制"都适用民主中的一致原则(三个及以上少数个体,也可适用多数原则);当个体数量无法达成一致时,就都适用民主中的多数原则。

---

[7] 婚姻属于民主的范畴(双方认可,一致原则。只涉及'两个'个体之间的互动'必须'遵循一致原则:这是民主抉择中唯有的特例),恋爱才属于自由的范畴:一个人在自己心里、脑子里、想恋谁、恋几个,有谁能干涉得了吗?

综上：只要是两个（含两个）以上个体之间的互动都属于民主的范畴，都要用民主的原则来规范——"民主是一种生活方式"就源自于此（一个社会有无公共事务的民主架构，并不决定其民间日常生活中是否存在着民主关系；但它必然决定着民间日常生活中民主关系的遍及程度）。自由只适用于"不涉及任何他、她个体的"个体行为[8]。所以人类诉求的自然法则就是：个体自由，集体民主。

野蛮：形容词、贬义；它是指"人们之间互动时与文明相悖的"另一种方式。野指"无道"、使私法[9]泛滥，恣意妄为；蛮指"专横"、成刚愎跋扈，武断独裁——野蛮的定义即：无道而专横的人类行径。

但必须承认的是，事实表明：文明与野蛮都是人类自身所固有的自然倾向，如果人本皆善、那恶从何来呢？——反之亦然。同样必须承认的是，实践表明：文明的自然倾向最大限度地呵护、激励着个体自由对文化发展的直接推动作用，所以它完全符合了"人类社会"发展

---

[8] 如此：诸如"美国著名的焚烧国旗案、琼斯牧师焚烧《可兰经》事件以及斯诺登事件……"其行为都超出了"自由"的范畴，都是在向他、她人表达意志。为此文明的社会就要用民主的方式来确定其行为的"行与不行"。
[9] 私法的定义：我说了算（'我'为私，'说了算'是法）。

的逻辑方向（顺应第一定义），因而它是正义[10]的、进化的取向；野蛮的自然倾向则最大限度地压制、阻碍着个体自由对文化发展的直接推动作用，为此它完全违背了"人类社会"发展的逻辑方向（逆反第一定义）[11]，所以它是反动的、退化的取向。

文明与野蛮，用哪一种方式处理与解决：个体之间的互动、以及各利益体在参与文化发展和对文化财富分配的过程中所产生的矛盾，将直接关系到该文化的前途（先进与落后）以及该文化所属人群之各个利益体间的相处状态：和平还是分争。

三 和平与分争

由于文明的民主本质"涉及所有个体利益的行为、所有个体共同抉择"，使其成为解决：各利益体在参与文化发展和对文化财富进行分配的过程中、所产生矛盾的正义之举——而为广大个体所拥护。并且民主的直接目

---

[10] 逻辑的定义：顺理成章（依因果连接，推出结论）；正义的定义：符合事物逻辑方向的行为。
[11] 反逻辑阻力就大，反的越极端，阻力就越大——它是走向灭亡的逻辑。

的是确保每各个体的"抉择权"[12]而非确保其抉择结果的正确与否；即便抉择结果有误、民主的机制也会使其在不同的阶段适时地得到制约和纠正，从而使得广大个体对民主抉择的结果能以求同存异、尊重多数的心态理性以对——不因自己的抉择不被采纳而迁怒于他（她）人或民主本身。为此就使得文明之民主可以最大限度地消解掉整个社会暴力冲突的诱因，把矛盾与争执规范于理性的框架之中：凝聚共识、包容分歧，使全社会各个互动的利益主体共处于稳定、长久的文化发展环境之中。所以和平的定义就是：协调，安定；民主的制度使一个社会在宏观上如此。

其文明的准则将是：个人与个人之间、团体与团体之间、民族与民族之间、种族与种族之间、国家与国家之间成为朋友或盟友[13]的必要条件与和平共处的根本基石。（注：其中的一些团体、民族、种族或国家代表，对内施行野蛮的统治，对外则因情势*而定"其依或不依"

---

[12] 抉择权包括赞成权、否决权、弃权。而进言献策、上书奏事、协商讨论、提案建议这些都属于"参与权"而非抉择权。如果参与权也属于民主、那皇帝上朝，文武两班奏章议事也是民主——人类社会就不存在野蛮，专制的历史了。
[13] 朋友意为：随性之合（随性：依己而定，无约无束）；盟友则指：牢固的互助（可靠而坚定的彼此辅佐）。

文明的准则行事。为此他们即使有与"内外皆依文明准则行事之实体"之间的相互合作，也只能是一时的权宜之计——因为野蛮的本质于文明是相互排斥的：一旦条件允许,蛮横毕现无余。*情势意为:世况的现状与趋向）

野蛮的本质是：私法泛滥，专制独裁[14]。为此它就剥夺了个体互动时的一方、或广大个体在参与文化发展和对文化财富进行分配的过程中"解决各种矛盾的民主权利"，强迫他们接受种种无道、跋扈之专横的"私法"结果。由此造成的广泛社会不公使得官民对立日甚、敌视日深、纠纷四起、冲突频发——陷整个社会于矛盾的普遍恶化之中：涤荡稳定，动乱安宁。因此，分争的定义就是：对立的较量；专制的制度使一个社会在本质上如此。

而野蛮的行径将是：个人与个人之间、团体与团体之间、民族与民族之间、种族与种族之间、国家与国家之间成为敌人或成为主子与奴婢关系的必然结局，以及暴力冲突与引发战争的直接原因。

文明的和平还是野蛮的分争，将为置身于其中的广

---

[14] 专制独裁：独自掌管（专制）之一己决断（独裁）。（'独自'和'一己'指：一人或一党）

大个体营造出各自对应的两种生存状态：幸福与苦难。

四 幸福与苦难

脱离困境为"幸"，稳定生存是"福"；幸福的定义：脱离困境的稳定生存状态。其中"困境"一词还须进一步明确其内涵，否则幸福与否仍无法把握。什么是"困境[15]"？——缺乏人权要素保障的生存；什么是"人权"？定义：本能[16]之上（文化动物）的诉求。

本能的诉求有一、温饱，指气候适宜、食能果腹；二、稳定的栖息地；三、性需求。这三项诉求泛指了一般动物的生存要素（包括人类），得到满足后"动物的"幸福就基本实现了。

本能之上"人的"诉求有一、民主：它确保了广大个体在参与文化发展以及对文化财富分配的过程中能够得到公平的对待，由此促成了整个社会运行在最有利于

---

[15] 分为物质困境与精神困境。精神困境又分为爱情、亲情、友情和兴趣、职业、追求两大部分：前者以爱情是否脱离困境最为重要；后者以兴趣是否存亡最为关键。但物质是基础，因为摆脱了物质困境在宏观上就意味着同时摆脱了精神困境；物质困境没有摆脱，宏观上精神一定也在困境之中。所以本文只着重于物质困境的论述，略去对精神困境的展开：以突出要点。

[16] 本能的定义：自然的逻辑（自然为本，逻辑方能）。

文化（广义涵盖经济）发展的和平环境之中，从而使得人权的其他要素能在最短的历史时期内普遍地实现于广大的个体。二、人居：防御侵害，低档寒暑，卫生私密。三、医疗：提高人的生存机率和生存质量，最大限度地减轻人的生理疾苦。四、教育：传承文化以延续文化的发展；因为"有文化的动物"是人类的定义，没有文化就没有人类。所以传承文化（人类先要经验、传承上帝的文化——自然）、创造文化、享受文化，再传承文化、再创造文化……是人类之所以为人类并使其自身绵延不绝的根本。为此，人们受到的文化传承（教育）越广泛、越深入就越有利于人类社会的文化再创造、再发展。

综上：确保了人权第一位之文明的民主要素[17]，进而满足了人居、医疗、教育这三项人权之文化的物质要素——"人的"基本幸福就实现了。

陷入困境是"苦"，无法摆脱为"难"；则苦难的定义是：陷入困境而无法摆脱的生存。

由于无道而专横的野蛮"私法"体制在本质上是拒

---

[17] 这一要素遭侵蚀、被禁锢，就等于剥夺了广大利益体之自主诉求的权利，使其精神与心灵必然处于压抑与愤懑之中。长此以往，消残锐意、绞杀激情……这样一个宏观的人文环境，怎么可能有利于人类的文化发展呢？！

绝民主的，从而就使得广大个体失去了在参与文化发展以及对文化财富分配的过程中之平等[18]的地位。这不仅使他们得不到应有的财富份额，还极大地压制、打击着他们对文化发展的积极推动作用，摧残着文化发展的原动力。由此势必导致广大民众之愤懑情绪遍布，抵触对抗蔓延；使整个社会运行在最不利于文化发展的敌对与冲突不断的分争状态之中。而少数统治阶层却凭借其霸占的权力[19]巧取豪夺本应由广大个体所分享的文化财富：无节用度以维系统治，肆意挥霍而奢靡人生——致使广大个体得不到全面的、甚至是彻底丧失了全部的人权要素保障，长久地（一生）陷入苦难的生存境地。

所以：文明的和平环境是促成广大个体同享幸福之"多赢社会"的根本保障；野蛮之分争的社会是造成少数强权阶层霸占大众的劳动成果，致使广大的被压迫个体身陷困境且无法摆脱的终极原因。幸福与苦难这两种社会生态延续下去的各自后果就是：美好与邪恶。

---

[18] 平等的定义：同权于同类。
[19] 统治的定义：总体管束；权力的定义：支配的地位。

五 美好与邪恶

人、如果缺乏了"人权要素"的保障,其作为人的生存就受到了威胁。所以人们在赢得了人权第一位之文明的民主要素(这是前提:否则等待'大众'的只有苦难,没有幸福)后,更多的、普遍的偏重于对人权之文化的物质要素、即基本幸福的追求就是个必然现象。在偏重于追求基本幸福的发展过程中,就会造成人与人之间、人与社会之间、以及人类社会与之赖以生存的自然生态之间的关系:呈现出不协调的非对称[20]状态——自顾不暇,何顾其它!但这种不协调之非对称的发展状态是不可持续的:规律可以违反一时(有限代价)、但不能违反一世(无限代价),否则人类将自毁前程。如此、缩减这一非对称的发展过程就显得十分必要,其有效途径就是使:广大个体在最短的时期内(代价最小)抵达幸福的彼岸。而实现这一目标之最佳的方式"只能是"文明的民主方式。当广大的个体实现了基本幸福以后、人们的内心世界就会逻辑地呈现出兼顾其它的普遍倾向:扶危济困、热心公益;保护生态、崇尚自然;遍行人道

---

[20] 对称的定义:各方协调于一体。

21、博爱天下——由此达至人与人、人与社会、以及人类与自然之间在协调对称的状态下发展前行。对称为"美（亚里士多德）"、发展是"好"[22]，美好的定义：对称的发展。

美的发展才是可持续的发展，"好"而不美的发展是不可持续的发展；因为只"好"不美的发展是良莠相煎的蹒跚。

持久延续的困境生存必然激起置身于其中之劳苦大众的强烈不满：由忍气吞声到民怨沸腾、进而奋起反抗成为他们的不二抉择。对此统治者为了维护其自身利益最大化不被分解以及恶贯满盈之昭彰劣迹不被清算，必欲尽其所能的长久霸权[23]于统治。为达此目的他们就势必对广大被压迫与被剥削者的义愤与反抗施以种种的手段和伎俩进行围堵、打压：一则控制传媒以麻痹意识，使民众认命自忍还要安贫乐道；一则专权枉法以无情打击，使反抗者消沉退避或身陷囹圄。——前者"禁锢"舆论，强植观点：以期愚民使之任其摆布；后者"极端"

---

[21] 人道的定义：文化动物的生存。
[22] "好"的定义：发展。（'发展'是使人类出生、成长、壮大以及延续致远的根本，为此它不可替代地成为了'好'字的定义）
[23] 霸权的定义：强占支配的地位。

权势，垄断组织：使觉醒者无力对垒好任其弹压。极端——排斥中正平衡是"邪"；禁锢——束缚蒙蔽视听为"恶"；邪恶的定义：极端禁锢。

极端禁锢之恶劣的人文生态所导致的最终结果只能是动荡和战争，它换来的或是野蛮的循环、或是文明的新生。但恶性的循环是恒久不了的[24]：进化的文明之民主终将彻底战胜退化之野蛮的专横。

六 人生的目的与意义及人类的目的与意义

何为目的？定义：看得见的诉求。人生看得见的诉求是什么？——幸福与美好！这是人生完全可以实现的诉求，不是虚妄的幻想，但也到此而已。因为人抵达了这一目的他（她）就得到了作为"人之生存"的所有要素，从而走完了"完善人的"旅程。所以说"幸福与美好"是人生到此为止的可以兑现的终点目标。至于财富

---

[24] 一个野蛮的体制不可能是个"超稳定"的结构。我们不能以自己的生命经验为标准，去衡量一个社会形态是不是超稳定的。人类由来几百万年、智人历史几万年、文字社会五六千年，与上述史期及人类的未来相比：体制（对宏观格局的系统限定）性的野蛮时延几何？所剩几许？对谁超稳定呢？当然、任何进步与发展都不是齐头并进的，唯有的可能就是"你"最后一个进入文明世界（'超稳定'仅此而已）——而绝不会有谁置身事外！

在此基础（基数：人居、医疗、教育无忧。没有基数，何谈指数？）上的增长、是用于添加要素的厚度给精神[25]以满足：来升级幸福的指数。

什么叫"意义"？定义：作用与价值；作用指影响，价值指需要。人生的意义是由第一定义决定的：因为"我们是文化动物"，所以创造文化、享受文化、传承文化就是我们人生"本能的（'自然的逻辑'之客观必然性）"抉择！——创造文化、享受文化、传承文化……即影响着我们的人生，又被我们的人生所需要。

人类的目的与人生的意义是重合的，即所有人的人生意义之合汇成的就是整体人类的目的：创造文化、享受文化、传承文化——回顾整个人类史、宏观上我们一直干的就是这些事和围绕其展开的文明与野蛮的斗争！！

人类的意义则是：我们对客观世界有无影响与是否被需要。事实证明，客观世界对于我们人类是有影响与被需要的，否则我们从何而来又历经变迁的呢？而现实表明，人类还不能或基本不能知晓我们对出自于其中的客观世界影响几何与是否被需要。至于我们探寻人类的意义"对于我们人类自身又意味着什么"？那只能等待

---

[25] 精神的定义：内在意志与生理状态的外显。

"意义"探得之后才能明了——这一切都寄希望于我们的未来!未来何时来:只在幸福美好之后[26]。

满怀憧憬地迈步前行吧:天生我材必有用[27]嘛!

七 我们[28]的信仰

"不变的"为信、"期待追求与守护"是仰,信仰的定义就是:不变的期待追求与守护(简约、不变的依赖)。那么我们人类"不变的期待追求与守护"的是什么呢?前述(一至六)的逻辑论证表明:就是我们人生的目的与意义及人类的目的与意义。

我们"不变的期待追求与守护的'人生目的'"是以文明之民主去实现普遍的幸福与美好;我们"不变的期待追求与守护的'人生意义与人类目的重合'",即创造文化、享受文化、传承文化;我们"不变的期待追求与守护的'人类意义'"就是实现了人生目的之后去探索我们人类对客观世界影响几何以及有无价值:此一探索的

---

[26] 人类的今天科学开创、发展的脚步愈发迅猛。人工智能、量子技术呈现爆发式增长;正深刻重塑人类文化以前所未有的方式对宇宙的认知与探索。
[27] "天生我材必有用"出自中国唐朝诗人李白的诗篇《将进酒》;"我材"二字这里指人类。
[28] "我们"指全人类。

路程同时也是守护我们的传承（不断的创造、享受、传承文化）使人类永续的路程……

综上，我们人类的基础信仰就是：以文明之民主去实现普遍的幸福与美好、继而不断的文化追求——去探索人类的意义。

民主本身只确定一件事：我们的权利属于我们
——民主首先是目的其后才是手段：解释埃及

民主的定义：涉及所有个体利益的行为，所有个体共同抉择。其抉择结果的确定客观上"必然"遵从少数服从多数的原则：因为如果有人不认同这一原则，那么在理论上他就应该选择去一个以"多数服从少数"为原则来处理社会事务的国家或地区、即专制独裁的社会去生存（实际情形恰恰相反）。但这种逆逻辑的选择在理论上是不可能的（现实的存在一是无可奈何，二是各因其私）——趋利避害是人的本能。藉此，少数服从多数的原则就自在地、逻辑地、情理地成为了社会人必然的、共同的约定，成为了民主的根本原则。所以，同处于这一原则下的社会人就顺理成章地会接受：他们此时可能成为多数、彼时可能成为少数的结果，不会有"多数人统治或侵害少数人"的责难。

权利的定义：自主的诉求。我们的权利是指：凡涉及我们利益的行为、我们有自主抉择权——诉求（包括谈判权、赞成权、否决权、弃权）。由于社会中所有的人与人之间的互动、都是相关于利益的互动，因此也就理所当然地应该由利益各方共同做出抉择，这就叫民主权利；共同的自主诉求，结果服从多数。

当一个社会确定了以民主的方式为治国之道以后，其用以规范和约束人们行为准则的宏观法制（模式限定）框架以及微观法律（仿效规则）条款，就都由此社会中的全体成员（权利主体）或由他们选举（权利委托）出的代表来制定[1]。其后的社会运行中出现的种种问题，比如贪污腐败、抢劫杀人……均由已制定好的法律体系予以规范处理（法治）。如果某一种不良的社会倾向有蔓延、扩散之势，那就要再行启动民主程序、运用民主权利，修改或新增法律条款、以提高其约束力，降低违法率——但不是为了杜绝违法现象的发生：因为再有约束力法律条款也只能规范个体道德，不能担保个体道德。所以：民主本身"并不确定"一个运行中的社会出现或不出现

---

[1] 就是说：治理国家的"法"的制定是通过民主的方式、即"'民主的'法"——而非一人、一党等少数统治者阶层以突出自身利益为宗旨而制定的法、即"'专制的'法"来治理国家。虽然世界上任何国家、地区、民族、种族……都有法律（成文或不成文），因而都可自称其为依法治国；但"依的是"民主的法、还是专制的法，是有着"正、邪"之分的！

这样那样的问题,"而只确定"规范、约束、处理种种社会问题之法律体系的权利——属于全体人民!

综上:无论对于个人来说,还是群体、国家来说"民主本身"首先是目的。因为只有争取到了你的民主权利、即实现了你"保有民主权利的'目的'"你才能运用这一"权利方式(手段)"来解决你实际生活中遇到的民主问题;如果你的"民主权利方式"被剥夺了、你还能有什么手段来维护你在实际生活的利益互动中之自主诉求的呢?——没有!你剩下的只能是任人驱使,让人宰割;除非你豁出性命做殊死的反抗,结果大多是付出惨重的代价(拆迁、摆摊儿中屡见的情形)。所以:实现不了民主的目的,就谈不上民主的手段(也谈不上民主的素质[2]);实现了民主的目的,其作为解决社会运行中利益各方所遇问题的"民主手段"才能随之而来。这就如同在你没有汽车的时候拥有一辆汽车是你的目的;当你拥有了汽车以后,它才成为了你的工具。

因此:在没有实现民主的社会中实现"民主本身"是它的首要目的;在已经实现了民主的社会中"民主本

---

[2] 民主的素质"只能在"民主中培养与提高——不可能在非民主中培养与提高民主的素质!就如同要想学会游泳就必须下到水里:在岸上你是永远也学不会游泳的。

身"才成为了解决社会问题的手段。——如今埃及的现状[3]就是在实现和巩固民主社会"目标"的进程中。由于穆尔西的作为被埃及广大民众视为威胁到了实现民主社会的"目标"才发生了如今的一切。而有史以来作为实现民主社会目标的方式不外乎两种：和平与暴力！具体使用哪一种方式，当然是"因人、因势"而异了。

---

[3] 是指2013年埃及民众因2012年11月22日总统穆罕默德·穆尔西废除相关法令，意欲大权独揽后所引起的一系列抗议活动，也被视为2011年埃及革命之后引发的第三次示威浪潮。（本篇论文写于2013年）

为什么说：民主是政治正确的唯一选择

民主的定义：涉及所有个体利益的行为，所有个体共同抉择———一致或多数原则。所谓一致原则即两个（含两个）以上少数个体共同抉择一项事物时适用的原则。例如婚姻需当事"双方"一致通过，还有三个及以上少数个体的"一票否决制"都适用民主中的"一致原则"（三个及以上少数个体也可适用多数原则）；当个体数量无法达成一致时就都适用民主中的"多数原则"。因此、涉及所有个体利益行为的"所有个体"是个变量：婚姻一般只涉及两个人、只在你们两个人之间民主协商"并民主抉择"就行了，别人无权干涉；合伙做事可能涉及到三个、五个、八个人……他们各自之间民主协商并抉择即可；涉及到一个企业全体员工利益的行为、那就要由股东大会或职工代表大会来抉择；涉及到全体人民利益的行为（比如税项的增减、征收与使用），就要由全体人民或其选举委托的代表来共同抉择。由此可知：生活在社会中的每一个人的一生、都是在与其他（她）的人，包括家庭成员、社会个团体、个组织机构之"利益互动的一生"。在涉及到每一个人的利益互动时"每一个人"都会自发地主张自己的诉求,即我的愿望!——这是一种本能:出于生存、追求的需要,与生俱来。并且这些社会主体之间的利益互动所能采取的方式只有两种:文明的民主抉择或野蛮的专制强迫。经人类实践表明:文明的民主方式是协调与解决个利益体间利益互动之合理（不违背逻辑）的方式,而且此方式能最大限度地呵护、激励着社会个利益体对文化发展的直接推动作用,所以它完全符合了人类社会发展的逻辑方向[1],因而它是正确的方式——并由此被世人所普遍接受。野蛮的专制方式则最大限度地压制、阻碍着社会个利益体对文化发展的直接推动作用,为此它完全违背了人类社会发展的逻辑方向,所以它是错误（不符法则）的方式——并因此被世人所普遍的抵制[2]。

---

[1] 为什么"文明之民主能最大限度地呵护、激励着社会个利益体对文化发展的直接推动作用'这就'完全符合了'人类社会发展的逻辑方向'"呢？——因为第一定义：人类是文化动物！

[2] 如果我们"还承认"人类的本性是趋利避害的,那么宏观的讲：文明之民主是使绝大多数人受益,野蛮之专制是使绝大多数人受害；前者使人类稳定而永续的发展,后者使人类动荡而萎缩至灭亡。则追求民主"必然是"人类普遍的抉择,这是不以人的主观意志为转移的客观规律。

政治的定义：社会各团体（政）间利益的协调与安排（治）。不光是"社会各团体间利益的协调与安排"叫政治，团体与个人、个人与个人之间的利益之协调与安排本质上也叫政治：只要是社会个利益体间的"利益"之协调与安排、理论上都可以叫做政治。为此政治的简约定义就叫"利益的安排[3]"——连接本文第一自然段中所述【生活在社会中的每一个人的一生，都是在与其他（她）的人：包括家庭成员、个社会团体、个组织机构之'利益互动的一生'】就等于说：我们每一个人的一生本质上都是政治的一生。并且在此政治、即利益互动的一生中，所有人所能采取的方式只有"文明的民主与野蛮的专制"：前者已被人类社会实践证明是正确的方式，后者是错误的方式。

综上即可推导出如下的结论：政治既然是"利益的安排"，且这种安排所能采取的方式"只有"文明的民主

---

[3] 只是由于在社会生活中各个利益主体之"成员与财富"的规模与复杂程度不同，使得政治一词在实际使用中有所专属而已。一般而言，诉求主体复杂及财富规模庞大时之利益的协调与安排都称之为政治：比如国际政治，国家政治；诉求主体简单、财富规模简小时之利益的协调与安排，一般都不用政治一词：比如劳务合同，合伙协议，家庭遗嘱等。但富商巨贾之家的利益之协调与安排、由于其涉及成员（包括联姻）与财产之复杂且庞大，就可以称之为"家族政治"——比如李嘉诚、何鸿燊等家族的利益之协调与安排。

与野蛮的专制，而前者又是正确之符合人类社会发展的逻辑方向——所以民主的方式就是"政治'正确'"之唯一的选择！因为"正确"的定义是：逻辑的存在。

还要特别强调的是：由于政治的定义是"利益的安排"、文明的定义是"人类行为民主化"，那政治文明就=利益安排民主化（利益安排是人类的行为）。如此、所有主张"政治文明"的人们以及政党都不应该反对：利益安排民主化。

二 重要的关系

狭义发展和广义发展及与制度的关系
——剥削因垄断而非资本：致马克思

我们人类活动、作用的对象是自然界的各种物质，包括生物、动物和人类自身；其目的是对作用的对象予以形式上以及本质上的改变来适用于人类自身。这种对自然界原有事物的改变叫"创新"。当此创新被人们普遍接受、全面展开于市场的时候，一项新的文化（事物）发展（发生并展开）就成功了；则发展的定义就是"被市场接受的创新"。此一发展专指"创新的"事物被普遍的接受,促成了新文化的产生。人类之所以区别于动物，就是因为其创造、产生了文化（动物什么都不创造）——并且人类的持续成长依然是因为有不断的、新的文化被创造、发展出来；否则人类的成长就会停滞、萎缩、倒退……以致重归原点。所以"被市场接受的创新"是使人类得以产生、成长、壮大、延展下去的根本因素；是专属于"质的进步"之狭义的发展。举一个尽人皆知的例子：创新于半个世纪前的互联网文化、一经面世就以磅礴之势为全世界的市场所接受，其触角拓展、蔓延于几乎所有的传统领域，从而使全世界的人们"眼睁睁的看着"整个人类文化向前迈进（发展）了一大步、并由此衍生出了许多新兴的文化领域，为人类社会的持续延展提供了新的源动力。——这就是"质的进步[1]"之狭义发展的根本涵义。它与制度的关系经实践表明：文明的民主是促进"狭义发展"之最有效的制度保障！因为该制度打破了政治、经济的垄断，确立了权力的分置与有效制衡；由此保障了广大个体在参与文化发展及对文化财富分配的过程中之权利诉求的平等，使得财富的增长在总体上普遍地受惠于广大民众，促其在最短的历史时期内将基本幸福（人居、医疗、教育无忧）覆盖于广大个体。只有最大范围地将基本幸福覆盖于民众，才能使其脱离生存困境、免于物质匮乏的困扰，从而最大限度地解放广大个体的精神世界，充分拓展其自由想象与选择的空间。加之民主之法制所缔造给广大个体的公平环境与尊严地位，呵护、激励着他们对文化发展的参与热情与推动作用：为促进、提高人类社会"事物创新被市场接受"即狭义发展的机率奠定了制度保障。

---

[1] 质的进步指：核心能力（质的）深入前行（进步）。

广义发展是指：由少到多、从个别现象蔓延为一般现象的"任何"事物，都符合此一发展的内涵。由于其涵盖了所有此类现象、所以它是广义的发展，定义是"个别上升为一般（黑格尔）"——本质是"量的增加"。比如作物种植养殖、资源能源开发、建筑及商品房、汽车及私家车，公路、铁路、机场、桥梁，休闲、旅游、文体、娱乐等，由少到多，从个别上升到一般；以及行贿受贿、跑官卖官、徇情枉法、冤假错案，垄断掠夺、欺压劳工、重大事故、恶性案件，敲骨吸髓、压榨福利、环境污染、疾病蔓延，坑蒙拐骗、假冒伪劣、人情冷漠、道德崩盘……也都由少到多、由个别到一般的发展起来了。这个广义发展的特点是：物质财富的增长与社会权力的垄断剥削和全面腐败并驾，而且是以专制制度为基础衍生出来的。逻辑如下：

一、由于专制的定义是"独自掌管"，因此社会权力就都被统治者垄断起来了，从而在客观上必然使其成为社会资源与社会利益之掌控、安排、使用的当然主导者；二、还是由于专制的定义"独自掌管"，在本质上它就"不可能允许"有其他的社会力量对其进行"实质（真切、内在）"的监督与制约，否则还能称之为"专制"吗？在垄断了社会权力、资源与利益的同时，又排斥了其他社会力量的监督与制约，个体意志之趋利的膨胀岂能阻挡？虽然垄断的体制本身也有约束、管教、严惩私欲泛滥以阻止腐败现象扩大与蔓延之愿望和措施，但"制度[2]支持的"社会运行方向是不以人的意志为转移的，再大、再严厉的杀、罚也只能治标不治本,治一时而不治长久……阻挡不了社会走向全面腐败的总趋势：历史已经一再证实了这一点！三，还是由于专制的定义"独自掌管"、这就决定了社会财富的主体必然为少数统治集团所占有：因为独自掌管社会权力"的目的"就是为了"满足占有"社会财富的欲望，否则"垄断权力"还有什么意义呢？还有什么可惧怕别人制约的呢？还有什么舍不得放弃的呢？而且满足占有社会财富的"途径"正是通过权力垄断之利益安排过程中各层级、各环节、全方位的"垄断剥削"来实现的，这就是两者的有机关系。由此推导出如下结论：剥削（强制掠夺）广大民众"应得[3]"劳动财

---

[2] 制度的定义：约束的边际。（由民众选举然后由'民众'监督的制度，是约束官员边际最大化的制度。'独自'掌管的制度约束官吏的边际就很有限：因为'独自'掌管，所以鞭长莫及——此制度'在客观上'是支持腐败的）

[3] 广大民众"应得的"劳动财富是指：在民主之法制的社会制度框架下"劳、资双方'谈判达成的'"劳务报酬。

富的不是资本（供给母金），而是垄断（独占裁决）！——"只有"独占了裁决（垄断的定义）才能实现强制的掠夺（剥削的定义）——致卡尔·马克思[4]。所以人类史上所有专制社会的统治者们都可以反腐败并以此来标榜自己，但不会反垄断：反垄断就是反他们自己。其专制社会各领域、各层级官位上普遍的权力寻租带来的行贿受贿、只是"根植于"垄断基础上的腐败表现形式而已；形式和内容是"统一的"，在捍卫着内容的同时想把形式反掉……上《吐槽大会》吧。

那么专制制度有没有狭义发展呢？——有。主要在其制建国立之初或其制度运行中的"开明时期（通情达理的一个阶段）"比较活跃。可由于其"制度本身"的反逻辑性，从而决定了它在本质上是排斥真理[5]的。这在整体而系统的基础教育体制上就已经贯穿始终了：它不是在探索、追求事务的客观逻辑，而是在刻意的灌输符合

---

[4] 人类史上所有的法律都没有反资本法（也没有反权力法：因为很多权力的设置是'必须的'、并且有很多权力是有制约的），但随着社会的发展演进，越来越多的国家都制定了"反垄断法"。
[5] 真理的定义：客观的逻辑。其专制统治者的意志本质是"排斥"客观逻辑的主观唯心主义；古往今来全世界任何专制领域之统治者的统治意志莫不如此：所以"专制下的开明"是有限度的，如果任其展开就必然走向文明。这与其制度的本质是水火不容的：而被束缚着的事物怎么可能发展壮大呢？——停滞、萎缩、衰败……没有独立于文明与野蛮之外的第三条路！

专制制度之统治集团利益的主观意志（心愿所向：意志的定义）。在此种主观唯心主义氛围笼罩的制度环境下、虽然"人意"也鼓励事物的创新与发展，但由于创新研发的领域本身是受制于"宏观制度之系统限定"的，因此参与创新研发的群体在系统上依然是受羁绊、受压制、受腐败的；致使其狭义发展能力的长期趋势一定是在渐次地衰退之中[6]。

综上：狭义发展是"质的"发展、是使人类社会延展下去的源动力，其制度依托是文明之民主。由于该制度确立了权力的分立与制衡，破除了政治、经济的垄断，保障了个体诉求的平等；从而使得社会的广义发展在有效遏制了腐败的一般化而使之成为个别现象的同时、使财富的增长普遍受惠于广大民众，形成宏观上消费能力

---

[6] 在专制制度下也会有文化被创造出来，因为人类的定义是"文化动物"以及专制制度的开明时期和文化的相对独立性使然（希特勒喜欢梵高，丘吉尔、罗斯福也喜欢梵高，）。但因其制度本质上是反逻辑，所以长期的在宏观上它必然会对文化发展的方方面面起着总体的束缚、压制、打击的态势。放眼世界、古往今来，事实为证：所有专制社会对人类文化的贡献与民主社会相比——远不可及。如果不是受惠于民主社会之先进文化的输入之影响与带动，野蛮、专制的社会躯体将会因文化发展的停滞而渐渐地萎缩、衰退……直至消亡。

的普遍增强[7]。——这就使得民主社会的经济运行受到了来自内在消费强劲、狭义发展创需（创造需求）以及先进产品外销的三重拉动。当然、初建的民主社会不会马上显现出狭义发展的优势，而且带有广义发展的弊端；但这只是制度的滞后性使然，不会成为常态：否则还要民主的制度干嘛？！而广义的发展是"量的"增加，可其表现却是社会财富的扩大与贫富差距的扩大呈正相关之势，原因就是社会财富的增长与垄断剥削和腐败的增长并行：本质是专制制度的支持。由于该制度的性质必然使得社会财富的最大化"永远（只要该制度存在）地"要为少数垄断集团所占有，致使广大民众的收入只能维持简单的生存循环，这就使得专制社会的经济运行总体来讲：永远也不可能依靠内需拉动！——在此基础上重复的以政府印钞、放贷来拉动经济（民主社会最弱化的恰恰就是政府投资拉动经济：这是与专制社会的本质区别）只能使"超票"物化为过剩产能（因为广大民众没有消费能力）、日后对应的就是银行坏账；出口拉动因垄

---

[7] 即"被市场接受的"而非"市场不得不接受"的个别上升为一般。本质上吻合了"被市场接受的创新"这一狭义发展的定义；因为"个别"的事物也是"曾经"创新的事物，只是"你"对它们的一般化现在才开始而已——从前并非你不需要，而是你没有消费能力。

断的压榨与低价倾销难以维系，加之狭义发展不兴无法生成创新需求，其经济的运行与发展还能靠什么来带动呢？讽刺的是腐败带来的消费此时反而成了此一制度环境下拉动一部分内需的逻辑必然。可任其泛滥又严重威胁到了其体制本身的存废、不控制还不行——进退维谷！以输入民主国家先进的文化（专制国家基本上没有先进文化可以输出，不论是物质的还是精神的）来注血本体经济运行不失为一策，但在引进其先进文化成果的同时却拒绝接受为全人类所普遍践行的"价值中枢[8]"能长久吗？——谁愿意拿自己的先进文化去维系、武装志趣相克之实质的敌手呢？摆脱沼泽、解放身行，唯有踏上文明之岸：向着"人类共同的信仰"前进！

---

[8] 人类的价值中枢：本书《序言》的第一自然段所述。

狭义自由和广义自由及与民主的关系

引言：哈耶克先生以及之前、之后的学者们解释的"自由"不是真正（纯本原、狭义）的自由。其实质是受制于"民主之法制"环境下的：人与人、人与组织……包括人与自然之间的文明互动，本质上属于广义自由。本人不是经济学家，不知先贤们以其"不正确"的对自由二字的理解作为其理论依据：会否对其学术体系产生某些不利影响，或对宏观经济活动以及人们对"自由"的观念产生误导？——希望不致。

一 对"自由"二字的剖析

自由是"个体"的，因为"自"字指定的范围就是"个体本身"，个体的"这个本身"个体由（顺随）之。如果一各个体的行为涉及到了任何其他的个体，它就超越了"自"的范畴。当一各个体的行为超越了"自身"涉及到其它个体时、请问：这各个体的行为"还能够"任其由之吗？？所以在我们的现实生活中才常常出现这样的用语:"一个人"自由自在的多好啊、"一个人"想干什么就干什么、想怎么样就怎么样;歌词[1]中也有"孤独的"自由、"放弃自由"喜欢两个人……主体都是单数。最能说明自由本质内涵的莫过于"思想自由"、"心灵自由"一类的表述:因为没有外化为行动的思想、心灵"只能限于个体本身",而个体本身的思想与心灵是不会受到"任何"约束的(可以受到影响),它想不自由都不行——办不到!否则何来"胡思乱想"、"异想天开"之语呢?并且人们常说的"创作自由"在现实中也都是以个体为终端完成的;即便是所谓的"集体创作"其在实施的过程中也都是将"集体创作的标的分解后"由各个个体以独立的形式完成而汇总的结果。所以自由的定义就是:只涉及个体本身的行为、个体各去抉择——随心所欲,我行我素。也就是说:自由是你自己对你自己的随心所欲;你对别人以及动物与自然的随心所欲"叫野蛮"!

二 狭义自由和广义自由之于民主的关系

生命的过程就是一个不断自主诉求的过程。诉求的

---

[1] 华语歌曲:《红豆》,《喜欢两个人》。

定义：要达成的心愿。它分为两个方向：一是个体对内（自身对自身）的诉求，二是个体对外（为满足自身愿望而求诸于外界）的诉求。

个体对内的诉求诸如：我要吃、吃多少，我要睡、睡多久；我要穿什么衣服、造什么发型；我要听什么乐曲、看什么节目、写点儿什么；我要借酒消愁、一醉方休；甚至我要自残、自杀……这一切都是个体自己对自己的诉求，无需寻求别人的首肯，因而它属于狭义（只限于自身）的自由。定义如上：只涉及个体本身的行为，个体各去抉择——随心所欲，我行我素。其行为结果虽然会对别人产生这样、那样的看法与影响，但对于一个各体"自己对自己"的决意行径而言、在理论上别人是无能为力的。至于其与民主的关系就理论而言无关，但实际上它是受限于一定的物质基础的：如果没有基本幸福（人居、医疗、教育无忧）的物质保障，作为狭义的自由还能剩下什么？只能是压抑的心境、度日的艰辛，甚至于沿街乞讨、四处流浪、致病等死或绝望弃生的自由。而基本幸福的物质保障于广大民众的制度基础就是民主——它能在最短的历史时期内[2]将基本幸福最广泛地实现于大众。只有最大范围地将"基本幸福"覆盖于民众、才能最大限度地拓展广大个体之自由选择与想象的空间，进而提高人类社会文化创新与发展的机率[3]。

个体对外的诉求即是个体的心愿需要借助外界的回应来达成。例如：你需要的生活用品、你需要的各种服务，你需要表达的观点、你需要出版的作品；你需要的商业合作、你需要的结社组团，你需要的情人、你需要的伙伴……上述一切之你所要达成的心愿，都需要对方的回应来得已确认。生活用品与各种服务需与对方达成等价互换，观点表达与作品出版需按社会广泛认可的规则行事，商业合作与结社组团需是协议共商与利益共享，伙伴需是志趣相投、情人需要相互依恋。如此，凡需借助外在因素来达成你个人诉求的时候"'你都不能像'你自己对你自己诉求时那样的随心所欲"，你都要按照一定的、社会广泛认可的规则（包括对动物及自然界）或依某些个体（交朋友与找恋人）的个人意愿来与之互动；

---

[2] 事实证明：国家民主以后，一般在三、四十年的时间里都能将基本幸福（人居、医疗、教育无忧）实现于广大的民众。
[3] 事实还证明：民主国家对于人类文化的创新与发展的能力和贡献、平均远高于非民主的国家。

任何突破社会规则、强迫对方按照你个人意志行事的行为，都属于野蛮的行径。其"社会广泛认可的规则"就是民主的法制、即文明[4]。个体"自觉习惯"于文明的生存环境里[5]其与外界的互动"自然"就会有未被约束的随心所欲感：习惯成自然！——这就是广义、面对一切的自由，定义为：文明的互动。藉此就广义自由而言：个体间、个利益体间、以及人与动物、自然之间的"文明互动"根本就离不开民主的制度（因为文明的定义是'人类行为民主化'）。而在专制的制度环境下，公共事务空间的个利益体互动关系之权利是不平等的（因为专制的定义是'独自掌管'）：被专制一方的诉求是被普遍地"强制"限制的，专制一方的诉求是由他们自己说了算的。加之专制的法律所呈现出的原则化之空泛、为不确定而随意的人治提供了制度支持：规矩不明、抉择难行，摸石过河、战战兢兢——断然不会有条理清晰下的随心所欲感。这就是身处专制制度下的人们普遍没有自由感的

---

[4] 民主等于文明，见《改写历史：让文明走出误区——㈡文明与野蛮》。
[5] 因为文明的环境是"完全符合"人类生存逻辑的环境（人类的定义是'文化动物'、文明的民主环境是最符合人类文化发展的环境），所以宏观地讲：绝大多数个体都会"自觉（本身的意识）地"习惯于它。

缘由，并且它还"必然施害于民间"个体间文明互动的遍及程度：正所谓上梁不正下梁歪是也！

民主之于广义自由的必然性还充分地展现在各地区、各民族、各国家人们为争取自身权利的运动中表露无余的那句标志性的口号里：民主、自由！——"'民主的'自由"[6]！！看美国东海岸的那座女神，一手高擎着的是自由之火、一手握揽的则是《独立宣言》：其《宣言》产生的背景及主旨内容、就是要摆脱专制统治，建立一个以"民主之法制'为根基的'"自由之国。

---

[6] 因为狭义自由的本质是"个体自己对自己的随心所欲"，所以：民众在集会抗议，游行示威等公开场合中所争取的自由"一定是"广义的自由——而且理论上它主要发生在专制、野蛮的社会制度里和"出现了违反民主'现象的'"民主社会中。则"反民主的'社会'"必然反自由！！

不公产生于"不平等"不产生于"不一样"

"一样"的定义：相同的形态。但事实告诉我们：一样是相对的，差别是绝对的。世界上没有两粒完全一样的沙子、也没有两片完全相同的树叶，双胞胎也有不同之处，可以区分。人们的形象、思维、兴趣、嗜好、职业、财富……都有着这样、那样的区别，由此构成了各显其值，各得其所之丰富多彩的社会生态体系。如果个体之间完全一样、没有差别,世界将是"一个'什么'"？——无法想象！所以"不一样——差别"是构成我们人类社会生态系统之必须的，不可或缺的要素。而且它们之间一般是包容的、兼容的、可以调和的、自然淘汰的关系。妳（你）不会因为妳（你）的相貌不是奥黛丽·赫本或者罗杰·摩尔（均为英国电影演员）就想不开：如果女人都是奥黛丽·赫本、男人都是罗杰·摩尔，那么人与人之间的关系将因相貌无法区分而混乱不堪。你也不会因为妳的大脑不像爱因斯坦而怨天尤人，如果人脑都像爱因斯坦那样的思维、社会将完全失衡于人才泛滥与人才奇缺。方力钧（职业画家；北京）画秃瓢儿都挣大钱、你可能真就看不上，南方人的嗜好是不吃大蒜可也嫁到了北方。人居就要盖房、吃饭你得种粮[1]，教书为了育人、医学治病疗伤；不管是比尔·盖茨、巴菲特，还是李彦宏、张朝阳……我没听说有民众要打他们的牙祭、分他们的钱粮；笼统的仇富说涉嫌挑拨、居心不良。术业专攻、都有价值，李安拿奖、于民何伤？！同行是冤家不容于文明的市场，良性的淘汰与进取是人类文化发展的经常。

平等的定义：同权于同类。我们有着不同的形态（外观和表现）、这是自然的赋予；但我们有着相同的权利、这是生命的本能。——因为权利的定义是"自主的诉求"，不存在"一个"没有自主诉求的生命现象！所以你有出版、结社、集会的权利我也应该有，你可以办广播电视、学校医院、金融银行……我也可以担纲；为什么你包揽了土地的所有权而我只能使用？为什么公用事业缴费民

---

[1] 如果种粮的、盖房的……有被社会普遍的看不起或自惭形秽的情形，一般会发生在不平等的社会中。那里的父母们会指着"他们（她们）"对自己的孩子说：如果你不好好学习以后就会向他们一样不堪的生存。我同意父母们的观点；因为在不平等的社会里"底层"劳动者们世代过着艰辛、困苦的日子而不得改观，谁家的父母愿意自己的孩子未来生存于那样的境地呢？

只能听证而你却独断乾纲？资方与劳方的关系成了主仆关系，干活儿不给钱还打人……尼玛丧尽天良！只放纵你的权利而禁行我的权利这叫霸道：不公产生矛盾——冲突蔓延无疆。

"不一样"于自然的基础上我可以安然承受与自谋自创，若因此而心生怨恨与造成恶果，你将为道义唾弃被法理规章。"不平等"造成的生存困境人就会据理声张与抗争强梁，若因此而社会动荡与发生革命，它将为大众拥护被历史颂扬[2]！

差别与不同——生成万化世界、喷薄生机绚烂；

同权于同类——诉求人人平等、普世公显德张。

---

[2] 即"不一样"只可能产生嫉妒与怨恨而且还是不合道义的；但不产生革命！——"不平等"就是产生仇恨乃至革命的直接根源。

"存在即合理"
——也有不合理：相对与绝对

一 不合理的存在及原因

存在的定义：客观的一切；合理的定义：不违背逻辑。则"存在即合理"指：客观的一切是不违背逻辑的。——是这样吗？人类的认知就用人类的生活来检验吧。

根据第一定义、我们是"文化（广义[1]）动物"，所以人类是凭借着文化才区别于其它动物并"依此"成为自己、发展自己、延续自己。那么"依此定义"在人类生存的过程中，凡是符合、顺应、有利于文化发展的事物，就是合理存在的事物；凡是违背、阻碍、不利于文化发展的事物，就是不合理存在的事物。不合理为什么存在？"原因"在于人类认识事物的程度以及人所"固有的"

---

[1] 广义文化的定义：被人类发展的自然（详解见'改写历史：让文明走出误区'第一部分——文化与自由）；狭义文化的定义：知识的程度（填写履历时的文化程度：小学、高中、大学等；知识指：通晓与辨别）。

野蛮属性[2]使然。而"原因"的定义是"最初的理由",即在"事实"发生前就已经具备的条件(固有的):就是说在"事实"没有发生以前作为"原因"之认识的程度也好、野蛮的属性也罢,只是作为"存在"存在着、并不构成事实(现实)的不合理,一切相安无事。所以野蛮或专制、《理想国》与《乌托邦》,社会、共产及种族优越……作为属性、思想、主义——没罪!只有当其外化为行动"强加于"外界时,不合理就存在了。至于作为条件的"原因'为什么'是这样"乃至客观之一切的本源是怎么回事?那是上一个阶段(比如人类的起源)以及之后人类研究的内容。但就"人类'社会(规模化的人员与土地聚合)'"而言:不论原因"为什么"存在以及是否合理,都不能否定我们现实生活中"不合理存在"的事实!——因为存在的合理未必导致其行为的合理[3]:否则要公、检、法干什么?要人权组织、国际法院干什么?要改革、革命干什么?要各种科学检测、审查、实验、探索干什么?

---

[2] 每个人都天生具有潜在的野性(蛮横的能力),源于人的动物属性;用于获取其生存与繁衍之必需、以及对于被获取时的自卫。
[3] 性吸引之"固有的属性"是合理的,但见着吸引你的性对象你就"强行"做爱合理吗?

二 相对不合理与绝对不合理

相对指"交互看待",绝对指"不管怎么看"。偷盗、抢劫是不合理的,可缘于衣食来源的断绝或人居、医疗没有保障,它只是相对不合理——相对于受害者的无辜;反之,衣食、人居、医疗无忧你去偷盗、抢劫就是绝对不合理。独裁、专制是不合理的、因为它阻碍了人类文化的发展,可缘于人们对"符合文化发展逻辑的社会运行方式"认识的局限性、它只是相对不合理——相对于权利的平等;当人们认清了符合文化发展的社会运行脉络,你还要坚持独裁、专制就是绝对的不合理[4](明知故犯!)。其不合理的证明与判定,由过往的实践与逻辑推断都指向:如果任其肆意扩散的蔓延下去人类就不会有今天,早就自我毁灭了。所以人所固有的另一个属性"文明"的伸张与理性的成长,就是人类社会得以生存、发展、延续久远的逻辑必然——同时迫令其野蛮属性的归敛最大化。而相对不合理还是绝对不合理,及其在社会

---

[4] 相对合理与绝对合理:发展是合理的,但对比由此带来的负面效应它只是相对的合理;即有负面效应也必须发展,因为不发展人类就会停滞、衰退,直至消亡。等把发展所引起的负面效应抑制在能力所及的水平,直至将其转化为有益的因素、实现"对称的发展"——美好:就是绝对的合理。

变革中的妥协还是决裂：为其历史定性与具体的法律裁决提供着理据。

三 你是存在中的合理还是不合理

不合理、即违背逻辑的事物都是"不稳定"的。因为逻辑的定义是"顺理成章"，则某一事物如果是符合逻辑的、那么展开这一事物的理论与实践就一定能够自圆其说，顺理成章。顺理成章的定义是"沿着规律才能做好事情"，而"好事儿"才能被普遍接受，才有市场——有市场的事物才能稳定！如果某一事物是违背逻辑的，那么展开这一事物的理论与实践就一定是拧巴的，是主观臆断、强词夺理、不容分辩，压迫执行的：如此其存在的过程就一定伴随着争议不断、躁动不安，四处碰壁、冲突连绵。为了维护这一违背逻辑之事物的存在，实施者必将诉诸以强权和暴力来压制争议与冲突。——中世纪的教皇们这样干过，他们臆断自己合理而且他们存在过；法西斯主义者们这样干过，他们也臆断自己合理他们也存在过；还有那些正在存在着的不合理存在。但广大的欧洲人民、亚洲人民、世界人民认为他们不合理，并且事实证明他们的主观臆断是违反逻辑的；虽然他们以强权和暴力为其违反逻辑的行为背书，但依然不逾覆灭的下场与万世之谴责！——那"你"的行为符合逻辑吗？其是合理的存在、还是存在着的不合理？

后记

关于黑格尔先生此一著名命题之出处及前言、后语是什么我不清楚；外语我不懂、译著没读过——不同的时间、地点，听到、看到过一些不同的解读。如果黑格尔先生的本义就是指"一切的一切、只要是存在的，就是合理的；不合理就不会存在，不会出现。"——这样的话；那法西斯的存在是合理的，同时反法西斯的存在也是合理的；萨达姆、卡扎菲的存在是合理的，同时推翻萨达姆、卡扎菲的存在也是合理的；台湾、西藏、新疆统一于中国是合理的，同时台独、藏独、疆独要独立于中国也是合理的。——都合理但又相互排斥，那就适用对立统一律；其对立面之间相互斗争的胜出者一定是被世人、被市场所普遍需要[5]、普遍接受的一方；淘汰出局的一方一定是被普遍的排斥、市场终结、没有了存在的可能——也就是尽失了合理性的一方。至于下一个失去合理性的是什么？是谁？那是下一个历史时期的事；现在是你失去了合理性，所以你被淘汰出局或正在被淘汰的过程中。

——作为客观的"一切"之存在物来讲，只有永恒的事物才是绝对合理的事物。人类诞生于一个事物（宇宙，或银河系、太阳系、地球）且区别于其它的存在物"在创造着'新的'事物"。根据以往的经过我们推断：人类的创造力是无止境的，则文化的发展就应该是永恒的；那么符合、顺应、有利于文化发展的事物"民主"也是永恒的——因而是绝对合理的。这样的人类持久延续下去或将创造出一个新的世界，新的宇宙！虽然这需要我们一代、一代、一代的……不懈努力。

---

[5] "被需要"是广义价值的定义；只要被需要"那就"有价值。被需要的多少决定着价值量的大小；普遍被需要的就是"普世价值"——阳光、雨露、空气，民主、自由、爱情……是自然赋予我们的普世广义价值。狭义价值的定义指组成商品的成本与利润，就是马克思的那个商品构成价值：不变资本＋可变资本＋平均利润。

三 我们的生活

幸福与幸福指数及苦难与苦难指数
——实践人类幸福的具体操作模型

幸福的定义：脱离困境的稳定生存。苦难的定义：陷入困境而无法摆脱。

困境的定义：缺乏人权要素保障的生存。人权的定义：本能之上文化动物的诉求。

一 动物的幸福与苦难

动物有三项本能的诉求，一是温饱："温"指气候适宜，"饱"指食能果腹；其次是稳定的栖息地：没有稳定的驻足之地，四处游荡、在途奔波……既消耗体力又不安全；再次就是交配诉求：纾解本能以满足性欲并繁衍后代。满足了上述三项诉求，动物的幸福就实现了。所以我们看到：在现实世界中只要人们能满足动物的这三项（尤其是前两项）诉求，基本上任何动物都可以饲养、家养——与人共处！虽然也会发生一些饲养、家养动物伤人死人的事件，但人与人之间也有此类事情发生：关键是偶发还是普发以及人类能不能因此而承受。

动物的幸福标准确定了以后，其是否苦难就一目了然了。身处温度不宜之地遭受严寒、酷暑的折磨，得不到猎物或半饥半饱而食不果腹；没有稳定的栖身地到处流浪；发情期找不到或竞争不到交配对象使之焦躁、不安。——凡处上述"困境"（尤其是第一、第二项）而不得改变，动物就在苦难当中了。我们可以将其得不到满足的基本诉求项越多，确定为它们的苦难指数越高：那么交配诉求得不到满足，苦难指数一级；没有稳定的栖身地，苦难指数二级；温饱不能解决苦难指数三级——两者或三者兼而有之，那它们就快"级"死了。至于动物没有没幸福指数？应该没有：因为动物没有创造文化的能力，为此也就不会"刺激出"本能以外的其他需求。所以它们"只能有"基于生存——活在哪儿的诉求，不会进化（发展、演变）出超越此外的其他"追求[1]"！一切非文化动物都只能享有"脱离困境"的幸福，不会拥有幸福之上的指数幸福。

---

[1] 追求的定义：进取性欲望（进取：升级的要求。而诉求一般是指陈述'基本'要求、请求、甚至哀求）。

动物的幸福与苦难之标准的确定,是为与其生理构造和生存本能最为靠近的人类提供一个参照系:以此建立起"人类"的幸福与苦难及其指数的指标体系。

二 人的基本幸福

动物的三项诉求是动物赖以生存的基本权利。而作为"动物人"的我们其赖以生存的基本权利和其它动物一样,也是温饱、稳定的栖息地和交配诉求;满足了这三项诉求"动物人"的幸福也就达到了。因为这三项诉求是一切动物赖以生存的"本能要求"。但作为"人动物"我们与动物的本质区别是拥有了"创造文化"的能力,由此进化(发展、演变)出的基本诉求就脱离了动物,形成了"人的"基本权利诉求:那就是人居、医疗、教育无忧——从而超越了其它动物的基本诉求使之与其区别开来而成为人类。

第一个区别是"人居",目的是防御侵害、抵挡寒暑、私密卫生。——防御侵害即房屋要有一定的坚固度,不能来点儿洪水就垮一堆,五、六级地震就塌一片,以及阻挡他人或野兽的入侵;抵挡寒暑即房屋要有一定的保温性，不能冬天风一吹就透了，夏天一晒就成蒸笼了；私密卫生是指人居不能像动物那样，不分间隔的窝儿着住：以四口之家为例、夫妇与孩子、孩子与孩子要分室，这样个人需要自由独处时便可在各自的房间私密[2]；客厅（或含餐厅）是家人、友客聚集的"家庭公共空间"；卫生间应分设两处，以避免时点上的使用紧张或病患者的交叉感染；这样四口之家的人居基础标准应该是三室一厅两卫（使用面积人均至少不低于15—20平米；一般国家的人口密度，地貌状况都能满足此要求）。第二个区别是医疗，目的是提高人的生存机率和生存质量，最大限度地减少人的生理疾苦：若染病、受伤而得不到医治，人就会像野生动物一样，任凭伤病的摆布、折磨，毫无抵御或减轻痛苦的可能，以致终身受难或痛苦而亡。第三个区别是教育、"有文化的动物"是人类的定义，那么学习文化、创造文化、传承文化就是人类社会延续发展的必须；文化传承的广度和深度，决定着人们在社会发展的进程中承担一定职责时所必要的素质准备。以当代（信息社会）人类发展的总体水平而言、人们受教育的

---

[2] 其中重中之重的是：文化源于发展，发展源于创新，创新源于个体自由；所以"自由独处的空间"是人们凝聚思考、放飞想象，以产生创造性文化成果的必要条件。

程度宏观上应当普遍地达到大学程度，以便能够比较顺利地参与到推动社会文化发展的进程当中去。当上述人居、医疗、教育无忧，加之周末逛逛公园、集市、卖场、博物馆、运动场，看看电影、文艺演出、体育赛事以及假期的郊游或旅游等等的文化享受——现代社会[3]（工业时期）人们的基本幸福就达到了！其重大意义在于：它实现了超越"一般动物"本能诉求（温饱、稳定的栖息地、性需求）之上的"人的"基本诉求（人居、医疗、教育无忧）；从而实现了超越"一般动物"幸福之上的"人的"基本幸福。所以：一切国家之各级议会、政府，都应以使最广大的民众家庭生活标准，达到此一基本幸福为"根本的"执政考核目标。——因为你们是"人的"政府：对此负有不可推卸地"保底"之责！（宏观地讲：每一届政府都应使达到基本幸福标准的家庭数量逐步增加，而不是不变、更不能减少作为任内工作的基本点。）

---

[3] 现代工业社会本指"目前的"社会是个工业社会，则现代就是指当代。但由于 IT 产业的兴起，引发了"本来是"现代社会的工业社会向信息时代"全面转进"的历程：所以以现代、当代区别两者。转变完成后"当初的"现代工业社会将被"当代的"信息社会全面取代而成为传统社会——让位于现代信息社会。这一解释本意指：现代工业社会的发展水平，就可以将基本幸福普遍地实现于广大民众、更不用说进入了当代的信息时代！（这篇论文写于 2014 年）

人类有没有幸福指数呢？——有！因为人类不仅具有创造文化的能力，而且这种能力是逻辑且持续的，为此它就可以逻辑且持续地引导着人们"逐级增长"的需求延展……从而进化出：满足了人类基本幸福诉求之上的"新的追求满足"——人类幸福的指数满足。

三　人的幸福指数

在上述基本幸福之上的物质文化满足、就是幸福的指数满足；我把它大致分为如下四级，以期涵盖现代工业社会和正在转向当代信息社会的各个阶段：阶段越发达，基础标准相应提高。

一级：事业进步、收入提高，负担得起租金较高住房或自有商品房人均 20 平米以上，舒适、宽敞；两台中档私家车，医疗、教育有一定选择的空间；每年 2—3 次境外远游。

二级：高档或独栋自有住房及一至二处境内、外景区或大都会房产；就医和子女教育均可选择自费；私家车 2 台高档、穿饰讲究、聚会就餐多为高档场所；每年两次以上境内、外景区度假。

三级：购置或有能力购置私人飞机、游艇，自我享用基本随心所欲。经常参与一些慈善拍卖，以及捐资或集资组建各类慈善组织。

顶级：以自有财富或"可以以"自有财富独资组建大型基金会（2013福布斯全球富豪榜，净资产10亿美元以上的1426位）。

——帮助同类以致它类（动物等）或生态环境摆脱困境，此乃人之所以为万灵之长的责任所在：至善之至·幸莫大焉[4]！

上述只是个大致的划分，实情可以此为参考有个浮动区间：重点是要厘清什么叫做"幸福"及其指数，而不是不着边际地满大街逮着谁问谁：你幸福了吗？——莫名其妙！此外上述各级幸福指标也可以折合成货币计算，因为不是所有收入达到标准的人都是按照我所描绘的那样去物质的生活。可能就有那么一些收入不错的人由于职业、性格等原因而一天到晚的宅在家里悠悠，或者满世界的游走……你能因此说他（她）不达标吗？但是由于各个国家和地区的币值不同、购买力各异，所以

---

[4] 至善之至·幸莫大焉：博爱全面与彻底乃至善之至；解脱所有苦难即幸莫大焉。

以实物和享受服务的次数作为标准；更易于在全球范围内通行此一指标体系；以货币计算更适合于货币一体化的地区。

四 人的全面幸福

精神幸福：主要是指爱情、亲情、友情，职业、兴趣、追求是否无碍，以免因此陷入精神困境。当人们在物质上已经摆脱了困境、尤其是进入了指数级别，那么精神困境宏观上亦不复存在（灾、病，服刑或'被压制的追求'等另当别论）[5]。因为在此物质基础上谁还找不到个情人、组建不了个家庭以实现爱情？或者关爱不起父母、养不了个孩子以满足亲情？还是没有几个好友或闺蜜以获得友情呢？！而且有此等收入的职业一般你不太满意也接受了，没大兴趣也不烦了：若是没有更吸引

---

[5] 由于精神的定义是"内在意志与生理状态的外显（意志的定义'心愿所向'）"，所以人的精神是受意志与生理状态支配的，而构成意志与生理状态的基础是物质。那么宏观的说"摆脱了物质困境同时也就摆脱了精神困境"。为此对于一个社会、一个国家来讲：生活在基本幸福及以上的人口数量越多，其陷入精神困境的人口数量就越少，从而保持社会稳定的概率就越大；反之，生活于基本幸福及以上的人口数量越少、其陷入精神困境的人口数量就越多，从而保持社会稳定的概率就越小——幸福人口与精神困境成反比、与社会稳定成正比定理。

你的追求使你在所不惜，你可以安身立命了。——责任你的职业、爱护你的家庭、公益你的社区，继而慈善困境中的人们：如此你就是一个有益于社会的人、对人类文化的创造与传承尽了职责的人，无愧你"人的"一生的人！

环境幸福：应由独立、专业的环评机构制定相应于人体的、人类可为的、公共环境实施标准，以及对实施环境标准的检查、监督。当我们置身于碧草蓝天、青山绿水之间，人就摆脱了环境危害满足于生态的美好——实现了人生的全面幸福[6]。

五　人的苦难及苦难指数

在基本幸福的基础上如果经济收入下降，不但最基本的休闲、娱乐均以无力承担，连每天必要的基本营养饮食都要计算；财务于拮据之态，精神焦虑、心情压抑，

---

[6] 脱离了物质、精神、环境困境，实现了全面幸福、尤其是退休之后人们应该怎样的生活？会不会陷入不知所为，无所事事之"后幸福时代"的精神困境呢？为了免于陷入后幸福时代的精神困境"人"就必须保有持续不断的文化追求——只因我们是人类、定义为"文化动物"！所以只要你、妳活着其生活就离不开文化。一，享受文化之吃、喝、玩、乐，愉悦自己且拉动消费；二，传播文化生活经验以惠教与醒世后人；三，出财、出力支持文化和公益事业的发展；四，继续探索、发挥潜能，为创造新的文化作贡献。

甚至时而需要透支敷衍几日——你已经步入了"为继不易"之困境切近的状态。如果收入状况继续恶化下去，任何一项"基本需求"的支付发生了问题，又缺少或断掉了社保的支撑；你就陷入了困境，置身于苦难之中。

比如一、因经济困难无法就学；或者二、医保匮乏而小疾不免，担心大病；以及三、所居因陋就简，享受不到保障性住房或房租艰难承受与拥挤不堪。三者居其一，苦难指数一级；两项叠加、苦难指数二级；三项满贯、苦难指数三级[7]。——至此人就达至了"动物的"幸福状态：只求温饱，有个栖身之所，偶有性交；再往下、人就步入了动物的苦难指数：颠沛流离、四处觅食，饥寒交迫、朝不保夕……以致尊严难保、人格尽失[8]。这类群体数量的增加而且得不到遏制，就是社会倒退的明显标志。

综上：这一"人类幸福的具体操作模型"虽然是静态的、人生是动态的，但你动态的人生再起伏也脱离不

---

[7] 这三个苦难指数级别是以没有身患重大疾病为基础条件的；如果身患重大疾病又无钱医治而等死，那就什么都谈不上了。
[8] 尊严的定义：独立、自主；——仓实衣足独立，不受驱使自主。没有了基本的"人生"保障，人之尊严难免不受殃及。人格的定义：同类的标准；——丧失了人居、医疗、教育的人类生存标准"像动物一样诉求"的活着，人就丧失了人格。

了我静态模型的涵盖。当绝大多数人（95%强；宏观地讲：在公正之民主的法制环境中，绝大多数个体都能获得基本幸福的生活）生活在基本幸福至指数级别时，就是一个符合理想的社会状态。这样、极少数因各种缘由导致生活拮据或因病症以及各种灾祸受困的人们，就有条件受到来自政府及社会广泛而有力的物质救助。另外有必要进行一些相关的立法，以制约甚至禁止某些无度与虚耗的消费行径。因为人的欲望可以无限，但资源和生态是相对不变的；嗜贪富贵、浪掷奢华，是对自身无节的堕落、对财富肆意的挥霍、对资源可耻的糟蹋；愧对哺育我们的大自然。

作为一个人，我们对物质财富的享用应该是有限度的、恰当的，适可而止的；但作为人类的一员，我们对文化发展的探索与追求应该是无限的、永不停止的——这是我们人类存在的目的以及对宇宙"可能的"意义（被客观世界所需要）。

老婆老妈先救谁 狗该不该被食用
——伦理、道德、与法律

开宗明义：什么是伦理、道德？西方古、今哲学家、思想家一直没有一个准确的定义。先是把伦理与道德混为一谈，后来虽试着加以区分但仍然泾渭不明；包括中国在内的世界各国亦如此。伦理与道德是两个本质不同的概念：前者事关次序，后者事关善恶；前者随势应时可以变不行为行，后者无论何时行就是行、不行就是不行。本文旨在阐明伦理与道德的本质区别，分清两者之泾渭、分立《伦理学》与《道德学》——改变两者混淆的现状。

一 什么是伦理

老婆、老妈同时掉进水里，作为妈妈的儿子和老婆的丈夫你先救谁？据说这是个考验男人内心情感取舍之"经典刁钻的千古难题"。百度了一下答案百出：先救妈的、先救老婆的，我救老婆、让我爸救我妈；谁离得近先救谁、把水都喝干了的；救一个然后陪着另一个殉葬或者干脆一起死的；老婆可以再找，妈只有一个的；以及以生命的长短来计算和东西方家庭观之不同所导致先救哪一个的。还有列举安徽青年郭某的实例（2012年7月25日《楚天金报》：母亲、妻子一同坠河，男子先救妻子引父亲不满），也有臭骂出题者愚蠢、无聊的。

　　表面上看这是个进退维谷、两难选择之刁钻以致阴险的情感测试，"且"条件是人为"限定死"的、即没有任何其他附加条件：什么谁近先救谁呀、我救老婆我爸救我妈，把水喝干了、陪着一起死等等。此题给定的条件就是两个待救的人与你的距离完全一样，你只能先救其中一个、另一个可能溺亡，而你还得活着。如果附加了其他条件、此题还能称之为"经典刁钻的千古难题"吗？现实中安徽郭某先救了他老婆这一例证、其实际情形超出了此题给定的条件：小伙依现状老婆"离他近"做出了符合逻辑的施救，由此得到的结果（答案）已与此题无关了。而本质上此题的答案是有着客观、现实之内在的逻辑依据的：就是面对灾难时的人类，我们应该依据"什么"来让渡生的权利？答案是"伦理"！——什么叫伦理？定义：次序的逻辑[1]。即在面对灾难时让渡生的权利是按照一定的逻辑次序的。此一次序在现实中的客观呈现是由弱到强的；就是说"让渡生的权利'最先予'最弱的"个体，然后次之、再次之。那么就人类社会而言个体的由弱到强分为几个层次呢？大致四个：孩子、老人，中青年女人、中青年男人。此一"次序的逻辑"不论是在泰坦尼克的沉没，还是在雅安、汶川、唐山的灾难中（大人把生的希望留给孩子、男人把生的希望留给女人、成年人救护老人）都得到了印证。这就是人们在灾难面前让渡生的权利之一般的原则。特殊情况下此一"次序的逻辑"也是以一般原则为基础所做的变通。例如美国灾难片《天崩地裂》中有这样一个场景："中年的男女主人公在灾难来临之际去接两个孩子和孩子们的奶奶共出灾区时需坐船出逃一段路程，快到地点

---

[1] 次序的定义"先后排列"，逻辑的定义"顺理成章"；次序与逻辑的定义相连就是：先后排列的顺理成章。此词在社会运行的其他方面、如交通运转时称为"秩序"，定义为"条理的安排"；在工作中如行使具体实体法时称为"程序"，定义是"规范排列"——则秩序、程序，其本质都是"次序的排列"问题，只是不同语境、不同选用罢了；而且它们还是个实践、完善的结果。就如民主"本身"属于人类诉求的自然法则：集体民主，个体自由。——可在"具体施行"民主权利的时候就有个如何"运作"的问题；且运作的"本身"是需要一定的经验积累的；但积累过程中的是是非非并不否定"民主权利"本身。

时小船要沉了，若有一人跳到由岩浆入水而充满硫酸的河里、小船就不会沉没。如果按伦理即'次序的逻辑'之一般原则，孩子最弱、老人次之、孩子妈第三，则男主人公应该下船；可男主人公下了船就只能由孩子妈带着三个都需要照护的老幼如何冲出灾区呢？如果孩子妈下船男主人公面临同样的问题；只有体能最好的男女主人公同时存在，一个负责上岸后驾车往外冲，一个负责照护那三个弱者之中的两个，才有脱离险境的最大可能；所以、只能在老人与孩子之间进行选择。按照'次序的逻辑'保护孩子优先，为此影片中呈现出老人家毅然决然地跳下了充满硫酸的河水中，把生的权利让渡给了孩子们。"——这依然吻合了伦理原则[2]。那么依照此伦理原则那个所谓"经典刁钻的千古难题"之正确的答案就是：你先救你妈！为此答案如果你相亲相爱的老婆感到很失落、很伤心、甚至很愤怒……你就对她许下这样的

---

[2] 如果面临诸如《天地大冲撞》那样的全人类灾难，其伦理之"次序的逻辑"就要变通到更加宏观的层面：如何延续"整体"人类及其文化香火的方方面面，比如影片中的"方舟"计划。另外需要指出的是：如果给定的条件不变，掉进水里的一个是你的孩子、一个不是；而且你的孩子十七、八岁，另一个则是幼童，你该先救谁呢？伦理上你先救你的孩子——即使他（她）是个十七八岁的青年。因为此时的伦理之"次序的逻辑"是血缘伦理（关系）优先；舆论无可厚非。

诺言：亲，假如我和妳亲爱的老爸同时掉进水里妳一定要先救妳老爸，为此我下辈子一定还娶妳、因为妳尊重伦理！——而且理论上所有的女人都是未来的老妈，所有的男人都是老妈的儿子。

当然、违反伦理的行径也是有榜样的：比如《泰坦尼克》里的那个富贾，像贼一样的溜进了为着拯救妇女与孩子们的生命之船[3]；还有在火灾面前弃孩子们的安危于后，高喊着让领导先走的马弁！（1994年12月8号新疆克拉玛依市友谊馆特大火灾事件）

二 什么是道德及与伦理的区别

道德的定义：心、行，之美善。心术、行为谓之"道"；美在这里是"称赞、赞扬"之意，连接后面的"善"就是被称赞为善的即为"德"——与前面的"心、行"连接起来即：心术、行为，被称赞为善的[4]就是道德。"有

---

[3] 在那种情形下、把孩子们交由中青年妇女照护应该是最好的选择，符合变通原则。所以我们在影片中看到的不仅是很多男士不上救生船，还有一对儿老年夫妇坦然地躺在床上，甘愿与大船一起沉没——如同《山崩地裂》中的老人：在此向那些在灾难时刻让度了生命权利的英雄老人家们致敬！(英雄的定义：无畏的气概)
[4] 善的定义：仁爱淳厚（仁爱指：同情与呵护；淳厚指：朴实与宽容）。心术的定义：怀揣的道道儿。

利"而为的道德是职业之德（职业道德），你应该恪尽职守；"无利"而为的道德是无责之德（不能强求），人自当慈悲[5]为怀。法律约束你不许为恶，此乃德之底线人不应逾越；仁爱自发你可以为善，恻隐之心大家量力而行。伤害到你基本生存现状的善举它就"超越了一般"的道德那叫崇高（终极至上）；为了伟大（第一位的）目标"奉献"自己就是牺牲！——所以因公平而正义的事业献身那就值得赞颂；为了一根木头或几只猪、羊殒命你就不能宣扬。道德的本质是"心、行，向善"而不能为恶，为此凡是不损害他、她人"实际"利益的行为一般都不违反道德。这样婚外恋、同性恋、安乐死，以致性

---

[5] 慈悲的定义：施与爱忧其苦。（慈善的定义是'爱的良好'；如果行善者大张旗鼓、鸣锣开道、索要表扬、博取名头，并叫受助者曝露在镜头之下尽显卑微!? 甚至要求人家感恩、写思想汇报……这还能叫'爱的良好'吗？良好的定义：舒适，惬意)

交易……就都属于违反了"伦理"[6]而非道德,只违反伦理、不违反道德一般只作为公众的谈资不会引起公愤,因为"兴趣"的转移是人性的本能你我都在其中。这是婚外恋、同性恋、安乐死、性交易等,很难达成共识而为全世界所普遍入罪、以致入法的所在;但违反道德的行径则都会招致谴责并引起公愤。为此法律禁止一切损害他人利益的行为,即便是随地吐痰、便溺、乱丢垃圾,理论上也都在禁止之列(损害公众利益);只因监管难以周到主要靠个体的道德自觉。总之法律不能强迫你为善,因为"善的本质排斥强迫";但禁止你作恶,因为"恶的本质是阴、损,坏德"。如此、违反伦理面临的是次序的调整,比如婚外恋的你是离婚后再与他(她)人来往、还是断掉与他(她)人的关系回到你原来的家庭次序中;

---

[6] 婚外恋"次序"错在"我"是你老婆,她怎么加进来啦?至于伤害感情"本身"并不构成实质的利益侵害(吵架也伤害感情,但不能因此就判其违法吧?);违不违反道德视其是否存在欺骗行为,公开、坦承就不违反道德。可若因此事导致离婚,责任方就可能要为其所犯的"伦理错误"付出应有的利益代价(实情可能复杂些,具体问题、具体分析;但总体归于伦理的范畴)。性交易"次序"错在:生活收入是靠人们的头脑思考与心智体能以及社会保障,怎么能把"生殖器官"商品化来换取酬劳呢('人整体'可以价值化;但'器官'不能商品化:否则就会出现惨无人道的事件)?所以社会分工没这一项!至于聚众性交、血缘性交,其称谓就叫"淫乱"与"乱伦";同性恋、安乐死是"乱了"习俗(习俗的定义:通常的做法)——这些都属于乱了次序。

亦或是随着社会不同时期之"人文观念的改变（我们对我们行为看法的改变）"将不伦理——伦理化：合法化同性恋、安乐死、性交易等来调整伦理次序[7]；但是损害他人利益的行为则"永远"都会被人们所唾弃而不容于世。所以婚外恋也好、安乐死也罢……只会引起公议；但把商品房说成是"刚需[8]"同时不提供必要、充分的保障房、廉租房：以此驱使、逼迫着广大民众呕心沥血地去高价购买或租赁商品房而付出沉重的代价，就是十足的缺德并必然引起公愤！

综上，对落难女童小悦悦（2011年10月13号广东佛山车祸事件）视而不见属于道德沦丧——能善不善；老婆老妈不知先救哪一个那是伦理无章——次序乱了。人与动物，人与自然环境的关系也是如此：吃不吃动物、吃什么动物【见附篇】以及利用什么资源、怎样利用资

---

[7] 单就性交易本身而言在经济发达、法制健全的环境里是可以商榷的：经济发达社会保障健全使之不致"单纯"为生计而性交；法制健全以防止其出现违反人道的性交行径。还有比如农业伦理的调整变化也是如此：原来的农业伦理有"不误农时、自然农业"，现在随着农业科技的发展与进步，反季节作物不断涌现、转基因技术日臻成熟——突破、改变了原有的农业伦理，催生了新的农业伦理。

[8] 刚需的定义：硬性必用品；——普罗大众"不可或缺"的生存所依。因此馒头米饭是刚需，满汉全席能是刚需吗？一夫一妻是刚需，三宫六院能是刚需吗？保障房廉租房才是刚需，张口百十万、几百万的"商品房"怎么就成了刚需了呢？？

源,属于伦理规则;而友善动物、爱护环境,还是虐杀动物、糟蹋自然,就是道德文章[9]。为此道德的作用基础于伦理,尤其其宏观的定位决定着整个世道的运行趋向。比如政治的定义是"利益的安排",则政治伦理的定义就是:利益安排之次序的逻辑。那么一个社会"利益安排之次序的逻辑"应该以什么为先呢?当然是以"保障'人的'基本权利"诉求——人居、医疗、教育无忧为先;但如果利益安排者以满足一己之私为先,那么此"利益安排之次序逻辑"即政治伦理就必然遭到践踏,使得广大民众之"基本的人生诉求"得不到适时、应有的物质保障。这个"我"字当头只顾满足一己私利之缺德的政治伦理还会上行下效地蔓延于整个社会的方方面面:不择手段、窃取公利,垄断掠夺、盘剥民众,虚假蛊惑、欺诈横行……并且乐此不疲就会成为此一世道的价值取

---

[9] 至于既然动物可以被食用,为什么不能被滥杀、虐杀?这仍然属于伦理规则问题。因为食用动物属于"自然伦理",是上帝赋予人类生存的"逻辑"权力(动物也可以吃人);滥杀、虐杀动物与食用它们没有必然的因果关系,且有悖于人类的生存所需。就如粮食是可以食用的,不是用来糟蹋的;林木是可以用来盖房的,不是用来乱砍乱伐的……(现在对食用动物的屠宰也多践行了'人道'的办法)。而滥杀、虐杀动物是施虐者冷酷、残忍、涂炭生灵以博取快感之邪恶心灵的写照。

向。所以宏观道德制约着微观道德[10]，政治的"心术"决定着行为的方向；以"德"治国就不能强加意志，因为"强迫即恶"违背善的主张。

附篇：狗该不该被食用

狗该不该被食用的问题本质上是个伦理问题。按照自然万物之伦理的"顺位"来讲人是第一位的，其它一切都可以为人所安排，利用。所以吃狗肉及其它一切动植物均以此伦理为根本依据。为此爱狗协会也好、动物保护组织也罢，以致各国政府、议会"在伦理上"你都不能法律强行禁止吃狗的行为；也就是喊喊口号、呼吁呼吁，至多联合抵制罢了。但由于由来已久的，在生产、生活中长期形成的，人与狗之相依、相靠、相亲、相近的特殊伙伴关系，逐渐演化为形影不离、忠诚相守，甚至生离死别的"亲眷"关系，其"狗的伦理顺位"就超越了其它一切动物乃至"位极人臣"！因此养狗就成了全人类第一位之最普遍的社会现象。所以对狗的食用与否

---

[10] 由于宏观道德是通过"基础法"体现的，如果其立法者心术不善、那么制定出来的基础法一定是缺德的，并由此导致整个社会趋向道德沦丧。——宏观道德制约着微观道德；社会的缺德一定是因为"法律的缺德"！

才会招致超越其它任何动物的，最强烈的反响：这就是食用除狗以外的其它动物不会招致如此强烈反应的伦理依据。而使狗不被食用的"伦理地位"能不能在法律上得以保障仍要以各个国家、地区之社会经济状况与习俗及人心所向的程度而定。目前的人类虽不能全面、统一的立法保障诸如狗、海豚等动物不被食用的伦理地位，但以当今世界的总体经济发展水平和主导（决定性的引领与传播）群体的素质意识：给各种协会、组织发起的呼吁、保护种种动物免遭侵食的运动奠定了良好的人文基础——使之大有可为。这样，狗该不该被食用的结论就是：该食用的食用，不该食用的不食用；但其总体的趋势是人类在向着不该食用狗肉之"次序的逻辑"全面转进。伦理的演化依托发展，促进的方式应时顺势：共同把握吧。

三 伦理、道德与法律的关系

法律的定义：仿效的规则。它规范的都是人类的行为：人类所有的行为都包括在伦理与道德的行为之中。由此规范人们行为的法律在本质上也就此分为两类：伦理法与道德法[11]——其法理来源也就必然以"伦理与道德"之行为的不同性质作为根据。那么依上述《一》、《二》所论之伦理与道德的不同性质，法律规范的内容之调整与变化在原则上呈现的只是"伦理法"的调整与变化。因为次序的"习俗"多为时代的产物，所以伦理"顺时"而变：比如原来违法的同性恋、安乐死……变为合法了；而心、行的"善恶"是本性使然，为此道德"必须"恪守：即原来属于犯罪的抢劫、诈骗、强奸、杀人……现在还是犯罪，只是惩罚的方式有了改变（从车裂、凌迟变为枪毙、注射，或千百年的刑期）。如此，人类的法律之发展、变化的定律就是：顺时伦理，恪守道德！这样、伦理的三个原则是：一，守序（时务）；二，理解（宽容）；三，应变（更新）。道德的三个标准是：一，禁恶（底线）；二，行善（博爱）；三，崇高（使命）[12]。

---

[11] "伦理法"指那些规范人们行为"次序、秩序"的法律，如《婚姻法》、《交通法》、《环境法》等；"道德法"指那些规范人们行为"善恶"的法律；如《刑法》。——前者规治你犯错；后者规治你犯罪（'规'相劝，'治'惩办）。为此《伦理学》应以研究各领域之伦理次序的成因及未来发展变化的趋势与应对策略为主；《道德学》应以研究博爱的本质、慈悲的必然与行善的运作条理，以及为恶的成因、危害与矫正的方法为主。
[12] 使命的定义：时代的重托（指：对所处史期重大责任的担当）。

爱情与浪漫　美丽　性感　魅力

一　关于爱情

吸引是爱，依恋是情；爱情的定义：因性吸引产生的依恋关系（简约：因吸引而依恋）。而且是"性"吸引就行，不分同、异。"吸引"不同于"好奇"[1]，前者的心情是想贴近、不分离；后者的心情是看看怎么回事儿（围观），贴近与否依情形而定。因此人们在涉及性交往时双方要判断清楚：彼此之间是出自吸引还是出于好奇。"依恋"不同于"依赖"，前者是爱的依偎、但不失尊严，自主自立；后者是全面投靠、尽弃自我、从属到底。此外爱和情是可以分立的，即有爱无情或有情无爱。前者出于本能、只为释放欲望，注意遵守规则：一要讲文明、平等协商，依约行事；二要讲道德、既不要侮辱打骂，也不要偷东摸西；三要讲卫生、该洗哪儿洗哪儿，该戴什么戴什么；——后者出于趣味，只为释怀思绪、倾诉

---

[1] 吸引与好奇：牵拽你的身心（吸引）与渴望未知（好奇）。

衷肠、漫谈志向，为此在情感的世界中就会存在着红颜知己与蓝颜知己的客观现状。当然、这一现状有可能随时因事因地在一方或双方身上发生转化，彼此要相互尊重另一方的意愿，循情渐进、文明互动。既然有情无爱或有爱无情，以及爱情都不是一成不变的、是可以相互转化的；那么我们理应为此认清人性、心知肚明，坦然面对、不苟人生。祝朋友们坦白的爱与不爱，敬心的情与不情；以这样理性的心里去对待爱、对待情、对待爱情；只能更好，不会更糟。从容（以适宜之态；适宜指：切合，得当）的去爱、去情、去爱情、去家庭吧——欢乐颂！

再者，因爱情而家庭的人们是需要有一定的、不可或缺的物质条件作为基础保障的。就宏观而言，凡因爱情而要建立家庭的广大个体，除本能的生理需求外、其作为"文化动物"的我们都需要有一定的物质文化条件作为"爱情家庭"的基本保障；那就是人居、医疗、教育无忧——以此作为爱情生活的依托。如果广大的适龄个体普遍地缺乏此基本的物质文化保障，那么爱情就不可避免的、或明或暗的会沦落为交易和买卖，现实社会中的种种事例明白、赤裸地证明着这一点。

二 关于浪漫

"涤荡"是浪,就像你起伏、涌动的心潮;"无拘"为漫,仿佛你恣意、自由的思绪;浪漫的定义就是:涤荡无拘。它是用以形容个体对于某种事物的想象(思索)与创造(或制作)的冲动状态。比如情侣之间时有因为爱的躁动使其心潮波涌、思绪难平,进而创想出一些奇特的问候与祝福,制作或购买一些别致的纪念物、安排一个温馨的约会……以此使得自己对对方的情愫(依恋的诚意)得以完美地展现与充分的释放,拉近或巩固彼此的爱恋。但一般而言,人们容易把浪漫的情怀仅仅局限于恋爱之中的情侣之间,如此就是个大大的误会。因为浪漫的标准(定义)是确定的,即人之"涤荡、无拘"的心潮与思绪,其实质指的是人们对"任何"事物的想象力、创造力、开放性的思维方式。所以凡是符合此一定义的状态展现,都叫做浪漫。比如"飞流直下三千尺,疑是银河落九天。"——多么富有想象力文字!所以李白被称为"浪漫派"诗人;以此类推,浪漫派画家、作家、导演、音乐家……比比皆是。而且浪漫不仅限于文学艺术领域,只要你持着"涤荡无拘"的心灵与思绪、放飞激情与想象,你就是个浪漫的人。当然,浪漫经常地、普遍的更容易发生在"恋爱着的"人身上,这全拜"爱本身"的能量使然:此能量叫人心潮难平、神情充沛、坐卧不安、浮想连连……怎么办?找事儿干呗——结果温馨、别致、奇特、惊喜就被浪漫出来了!但也确有那么一些人在"这一点"上尽显愚钝、锈锁难开,任凭你怎么诱导、他(主要指男性朋友)就是不开这个窍儿;在此敬请大家(主要指女性朋友)抱着宽容的心情看待他们;因为人之性格与兴趣的取向毕竟是多样的、不可能千篇一律的只能对"人"浪漫,"他们(她们)"并非不会浪漫,只是浪漫的方向不同而已。比如一些科学家、发明家、学者,又或是一些文学、艺术领域里的工作者们,他们(她们)把浪漫的涤荡与无拘,淋漓尽致地展现在了他们(她们)所钟情的事业上,为我们人类各个领域的文化生活创造出了各种不同的惊喜——妳(你)能否定他们是浪漫的人吗?!

三 美丽 性感 魅力

"对称"是美、"好看"为丽,美丽的定义:对称的好看。对称指人的五官协调，体态匀和；好看指"适宜观赏"。一般而言美丽与性感给人的感受是不同的：前者更容易让人产生怜爱（珍视、喜欢）、呵护的冲动，比如奥黛丽·赫本；后者更容易让人产生靠近、依偎的本能，比如玛丽莲·梦露。前者你愿意她是你的妹妹、女儿，后者你愿意她是你的情人、妻子（例子只为说明大体的区别，具体感受可能因人而有差别）——因为如此，美丽不是性吸引的关键，是容易被接受为友、为亲的优势；性感才是性吸引的要素，想要矜持为友、为亲的状态还真受煎熬。所以"性感"一词成为了最叫人受用的夸赞与恭维。那么什么叫性感呢？

"生理"为性、"触动"是感，性感的定义就是：生理触动；即能给人带来"生理触动"的你（妳），对他（她）人来说就是性感的。你（妳）虽然不可能给所有的人带来生理触动，但你（妳）一定会给一些人带来生理触动（能给众多人带来生理触动的女性常被称为性感女神）；因为每个人给他（她）人的视觉感受是因人而异的。为此对于我们每一各个体来说"谁对你、妳"是性感的、其触发点就掌握在我们每一个人自己的手中；那就是她（他）有没有给你（妳）带来"生理触动"。上述是性感的视觉层面，它还包括听觉层面：语、音给人带来的生理触动。——前者指话语的内容给人带来的生理触动；后者指音质之固有的色彩以及声调韵律的起伏、婉转给人带来的生理触动。当然，在现实生活中性感不能一厢情愿，不是说一个给你（妳）带来了生理触动的人就一定是属于你的性伴侣：他（她）"因此"可以成为你（妳）的性目标，属于不属于你（妳）还是要取决于对方的意愿——恪守文明。

"诱人"为魅、"能量"是力，魅力的定义：诱人的能量；指对人有"导引（带领、牵挽）"的力量。在"引"这一点上魅力与美丽和性感有相似之处：美丽引人赏心悦目，性感引人生理触动；但美丽与性感的特点是平摆浮搁，以生理特征尽显于外为主要标志。魅力则是以由内而外散发出来的个性气质[2]徐徐牵领、循循善诱……引人入胜为主要特征。前者（美丽、性感）展现的是生物原态，后者散发的是人文积淀；前者因光阴而渐渐消退，后者随岁月可熠熠生辉。"老树有余韵，别花无此姿（宋代诗人张道洽）"，余韵展现的是浮华退去后的内蕴薄发；

---

[2] 个性气质的定义：别具一格（个性）的精神素养（气质）；精神素养指：思想与心力之已有的历练。

"由于妳丰富的内心世界、使我们的感情得以长久(克劳塞维茨致情人)",丰富揭示的是饱满而多彩的心灵充盈;那世人谓之"残缺的美"是种"余有亏月之好(定义)"的别样景致。——不同时间、地点、不同民族、种族的人们都在陈述着一个共同的观点:内蕴之诱人的力量[3]。它是人们由文化积淀所铸成的思想与情怀,透射于外显现的就是其极具魅力的精神素养:思想有魅力、语言就有魅力,语言有魅力、人就有魅力——眉目,举止均可传递。

美丽与性感天性于自然,千姿百态、各具一格;魅力之气质后来于文化,慧中秀外、动魄痴迷。享天赐之美丽与性感,拥修来之魅力与气质:祝大家于文化有成(拥有文化,成就文化)中幸福(脱离困境)又性福(情欲顺好)。

---

[3] 克劳塞韦茨的情人不是老年人,上述泛指那些不是靠生理特征的无损与充盈赢得青睐,而是靠内蕴俘获人心的人。

四 艺术的标准

什么叫艺术及艺术与商业的区别

艺术的定义：表达的手段。表达指"展现思想情感——彰显事理"，手段指展现思想情感的"方式"、如：音乐、舞蹈、绘画，文字、语言、镜头……你用哪一种方式来展现你的思想情感。因此，凡是从事以某种手段来"表达"自己思想感情的人、都可称之为"艺术"工作者。那么"艺术"与"非艺术"的区别就在于你是否通过某种方式"展现了"你的思想情感。所以"添油加醋"地描写人间的恩怨情仇就叫"文学艺术"，原原本本记录人类活动的印迹那叫"历史文献"；把植物等种植、修饰成特定的形态、样式就叫"园林艺术"，种树造林、养护植被那叫"绿化环境"；贝聿铭盖的房子就叫"建筑艺术"，为广大民众盖的房子那叫"安居工程"。

综上：凡是通过某种手段来表达你的思想情感，并由此产生的作品都叫艺术品。而你的艺术作品之艺术价值是否被认可（表达的客观效果）那就要看它得没得到社会广泛的或相关方面[1]的多数认可,认可的标志就是奖项(当然是有广泛'公信力'的奖项啦)。如能重复、多次获奖,说明你的艺术造诣是稳定的、可靠的——风格独特、自成门户,你就是艺术家;如果你在某个艺术领域有开宗立派、引领潮流的创举,你就可以被尊称为大师了。如果你的艺术作品既没有得到市场、也没有得到业内的认可,一般而言就说明你的艺术创作是失败的(失败对任何人都很正常,如果我们做什么成什么、人类早就生活在别的星球上了);反省自己、思考学习、继续探索——除非你坚定地认为自己的作品就是梵高再世,决意孤行到底……我能说给你的只能是一、你要挺得住;二、要有基本的生活来源来保障你的第一条。但我认为以现时代的传播手段之先进,加上满世界的猎头星探、商业人精:您就真是梵高再世、他们也不会让你落得个梵高的结果(极端禁锢的制度除外)。

商业的定义:买卖的事(行当)。艺术是不是"买卖

---

[1] 以影视为例:卓别林、斯皮尔伯格等的作品其艺术价值就得到了广泛的市场与业内的认可(因体裁而有不同,绘画的受众面当然不能跟影视相比较);只能引起某一类群体或某个地区人们兴趣的作品其艺术价值就低。没有曲折叙事和尖锐矛盾冲突的、主要描写人的一种生存状态(故事成了衬托)的人文剧、你起码要得到业界多数的认可,比如《柳树之春》、《黄土地》、《红高粱》等。

的事"呢？艺术"本身"不是，它根源于个体自发的表达欲望、是一种人类对生活经历"感悟后"的思想升华（衍生出的光彩）之外化行为。为此我们可以看到在现实世界中有很多没有买卖行为的表达活动：比如广场歌舞、街头乐队、行为艺术、快闪、涂鸦等。但是任何"艺术作品"本身又都自然地具有它的商业属性，即可以用来做交易——并且不管你交易还是不交易"其商业属性"是不灭的。所以广场歌舞、街头乐队、行为艺术等也可以收钱。而影视艺术作品更因其投入大、成本高，所以必须通过市场来起码平衡其投入：如果都白看那全世界也没有几个富豪能撑得下去（绘画一类的艺术成本比影视作品低的多的多，可画作不卖钱照样有大把大把扛不下去的主儿）。如此"必须通过市场"来平衡其预算的艺术作品就"自然"会面临着艺术与市场的考量与选择。那么我们凭借什么来判定一个艺术工作者对其作品之"艺术性"与"商业性"所做的考量与选择的呢？——情怀！定义为"心念于胸"。就是你始终怀着一腔热切的愿望，要把你对古往今来之社会人生的某种感悟尽情地展现出来，还是你老琢磨着"这玩意儿"怎样才能卖钱？能卖多少钱？——"心念于胸"的想法是什么，决定着你之作品是为了艺术还是为了商业。为艺术你执着于对一种人生感悟的深切表达，不会为了市场而放弃你这情怀；表达的"效果"如何（观众？钱？）[2]，接受市场的检验。为商业你琢磨市场卖点，观众乐见什么；聚集明星看脸，谁的粉丝众多——而非作者深切的情感表达。所以、凡是以独到的视角深切表达作者对人文（我们的生存）之关怀的作品都是"为艺术而艺术"的作品，市场可遇不可求。而那些跟风儿、应景儿和自我重复[3]（自己跟自己的风儿）的作品，就都属于"为商业而艺术"的作品了。还有写小说的目的是为了卖报纸、更是赤裸裸的商业行为；至于有些产业资本连商业都不为，只为

---

[2] 不是不想观众，不是不想钱；只是要用你真诚的情感表达来赢得观众、赢得财富；如同用"我"诚实而辛勤的劳动来换取财富一样——"黄金与好人"不矛盾*！但"创作"又必然要冒风险、付出应有的代价，人类因此而走到今天。动物什么也不创作，所以它们不必为此承担任何风险与代价，只为简单的自我循环而存在，至今没有任何改观。（*当然：就宏观整体而言，一个公平的社会黄金和好人是不矛盾的，劳动者能够得到公平的财富分配并由此过上幸福的生活；但不公平的社会、黄金和好人是矛盾的，劳动者得不到公平的财富分配并由此陷入生存的困境。）
[3] 跟风、《潜伏》之后，一堆苍蝇；应景儿是指：跟随时下社会热点、风尚之肤浅牵强之作——过而不留。自我重复就是不少的影、视续集越拍越烂。但重新诠释（翻拍、翻唱）经典理论上不属于商业，是再创造；其艺术评判标准亦如文中所述。比如《我是歌手》的音乐节目中把一些经典到"烂"的老歌翻唱的"起死"回生（李健的一些翻唱、周笔畅的'青苹果乐园'），重新激动人心；以及《乐队的夏天》之木马乐队翻唱《后来》的成功都是例证。

泡马子、更加等而下之。如果你想两头兼顾，惦记着鱼和熊掌兼得：遭遇一般会是两头挨骂，空手而归。

在此必须强调的是：商业并不违法、也不缺德，迅捷扑捉市场机会、赚取商业利润乃人之常情。可你不能老是卖脸、老是跟风儿应景儿、老是自我重复吧？——没出息！如同一个企业、一个民族、一个国家的发展道理一样：你不能一味的跟随、山寨、自我重复的投资拉动——没出路！！

大师与艺术家的区别及艺术创新的三个层次
——设立大师奖的理论依据

大师的作为：开宗立派，引领潮流；即起始新尊、建树新系，带来文化发展的新趋势。这样的人往往是各行各业中首屈一指的领军人物。比如说迈克尔·杰克逊，起始流行乐坛之新尊、建树歌舞双绝之新系，同业佼佼、无人能及——同时招致一众追随者，引领时代歌舞文化的潮流；再比如李小龙，开宗立派功夫片[1]于电影领域，将此一中华文化推广至全世界，并得到了广泛的认可——同样引领世界现代动作电影之潮流、招致一众追随者，至今无人能出其右；使其成为最为世人熟知与推崇的华人文化代表。以这两个例子为标准，大师的定义就是：首席榜样。依此定义去衡量文学戏剧界之罗贯中、莎士

---

[1] 功夫片的出现最早不是李小龙，但在世界电影领域站稳脚跟、扬名立万、形成气候，得到市场广泛认可的是李小龙。所以：标新立异常有、但得到市场认可的不常有，而艺术创新（任何领域都一样）成功的标志恰恰是"得到市场认可的"标新立异！亦如卓别林奠基现代喜剧，希区柯克尊立悬疑大师，卡梅隆开起 3D 时代。

比亚、莫里哀、马尔克斯；诗词界陶渊明、杜甫、李白、李煜；绘画界徐渭、塞尚、梵高、毕加索；电影界查理·卓别林、希区柯克、卡梅隆；时装界乔治·阿玛尼等等、都堪称大师级人物。用此一标准对照一下当今华人文学领域（由于汉字的独特性，本人认为：在世界文学领域华人应有自己的'艺术'评判标准）里的作家们令我颇为诧异！王朔（职业作家：北京）先生"应该[2]"也符合大师的标准：其作品开宗立派而且引领潮流。——可这厮脑袋长得愣圆愣圆（圆的卤荸）的，说起话来急赤白脸还梗着脖子，这也能叫大师？——只要标准（定义）是站得住脚的，而且被衡量的对象是吻合了标准的，我们就要承认现实而不能感情用事。所以：凡是符合定义内涵之各领域的"首席榜样"们就是大师。

艺术的定义：表达的手段；家的定义：门户。从外表上看"家"一般都是一样的：一排排的房子万家灯火、一栋栋的别墅星罗棋布；但当你推开每一扇门的时候、映入眼帘的是不同的面孔、不同的装饰、不同的意趣、

---

[2] 王朔的小说我只读过一本《顽主》，笑死我了！之后又买了一本《玩儿的就是心跳》，读了十几页看不大懂、扔一边儿了，再也没买过、读过他其它的书；这是上个世纪90年代初的事儿。但其作品改编后的影视剧我基本都看了：以其文学表达的开创性、独特性及影响力、带动力，我认为他是符合大师标准的作家。

不同的感受。虽然"家"之外在的称呼都一样,可具体到每一个门户又都是"一亭一院、一趣一味",风格[3]各异。因此"艺术家"的定义就是:表达方式自成门户。他们与大师的区别在于:自成门户被广泛认可、但无成宗立派;风格独特成异卉奇葩、而不形成潮流。如此的艺术家比如:斯皮尔伯格、黑泽明、李安、张艺谋、吴宇森,憨豆先生等[4]。由上述区别形成了艺术创新的前两个层次:一是开宗立派,引领潮流;二是风格独特,自成门户。那第三个层次是什么呢?——新的角度,即新颖、别致的艺术视角;下面举两个例子:

还以电影为例,爱情片是影视作品中的一大主题、经典影片有《罗密欧与朱丽叶》、《简爱》、《爱情故事》、《泰坦尼克》等。这四部经典作品从各个角度来描写爱情:家族尖锐对立下的爱情《罗密欧与朱丽叶》,坚持自

---

[3] 风格的定义:气质的韵味。气质指人的"精神素养",韵味就是你外显的精神素养之"律动神态"。每个人的人生经历是形成你精神素养的全部原料,而这个世界上恐怕没有一个人的人生经历是与他(她)人完全一致的;所以当你通过某种手段来表达"你的精神世界"时,怎能不留下你独特的韵味呢?!

[4] 文中列举到的大师或艺术家只是笔者一己之浅见,未必和曹;尤其是对境外艺人及其作品了解不多,无法准确系统于结论。读者及各领域之专家学者可依据自己的灼见,给各自熟知的艺术或其他领域(比如哲学界黑格尔,医学心理学界弗洛伊德;军事理论界孙武、克劳塞维茨;自然科学界牛顿、爱因斯但……)里之"首席榜样"挂印封金;尽请放言——我更上心于标准的确立。

我、追求爱的尊严《简爱》，生死相依的《爱情故事》，冲破门第之见的爱情《泰坦尼克》。在这些经典爱情影片之后，张艺谋先生还能另辟蹊径、立足故土，拍出广袤而贫瘠的大地上：一个普通女性清贫、凄美，真挚、热情之朴素、平凡的爱情故事《我的父亲母亲》。我个人很喜欢这部电影，手法简洁、明快，表达准确无误——生动、盎然地展现出了爱情的真谛：吸引与依恋。第二个例子就是李安先生的武侠片《卧虎藏龙》。其一改以往武侠题材除暴安良、忠奸对决、夺宝斗法、民族自尊等陈旧的叙事主题，别具一格地描写了年轻人不甘为世故所安排、冲破梗阻地去实践心中的憧憬：释放每个人心中都蕴藏着的那条龙。上述两位导演前者是在"同一主题（爱情）"的基础上改变了表达的视角；后者是在"同一题材（武侠）"的基础上改变了表达的主题（实质也是视角的标新立异）——同样出新出奇、再配以精湛的处理手法，从而分别获得了国际电影领域里的重大奖项[5]。

综上、艺术创新的三个层次依序为一，大师的创新：

---

[5] 奥斯卡虽然是"'美国的'电影艺术与科学学院奖"，但由于电影艺术生根于美国并在此发展、壮大、成就辉煌，使其影响力覆盖全球；为此与欧洲三大国际电影节被视为世界影坛最重要的四大电影奖项。这就如同一个外国运动员在"中国的"乒乓球或羽毛球锦标赛上赢得了冠军：谁能否认他们之世界冠军的实力呢？！

视角新颖、风格独特,并以此开宗立派、引领潮流;——如果没有新颖的视角与独特的风格,您开的"什么宗"、立的"什么派"、引领的"什么潮流呢"[6]?!二,艺术家的创新:视角新颖、风格独特、自成门户;——但并无成宗立派、也不形成潮流,只各成奇花异葩、独树一帜,并被市场广泛认可(比如憨豆、本山'中国喜剧演员'那样儿的生僻材料儿独绝挺好,多一个都没劲;而迈克尔·杰克逊、李小龙,跟随者一大堆你也不觉得烦)。三,视角虽然新颖、却只偶尔一次闪亮,飘过不复再来:这类艺术创作者大多是以一个(或许再多些、可基本都市场寥寥,无人问津)新颖别致的作品名噪一时,继而了无后续,艺术之旅从此无疾而终(如'一封家书'、'同桌的你''老鼠爱大米',我都很喜欢)。——即便如此我也认为挺好,诸君不必有尴尬与怯怯之忧:留下一、两个新颖的艺术作品于世一样是贡献!此艺才思至此或本就玩票儿乃世之常有;随心所"趣"再步新途是每各个

---

[6] 人们的"市场发展需求"是被创造出来的、不是迎合出来的。所以先有互联网、后有网民,先有乔布斯、后有苹果迷;先有迈克尔·杰克逊、李小龙、斯皮尔伯格……后有全世界他们的歌迷、影迷;以及先有卡梅隆表达手段的创新、后有"卡神"的称谓(好莱坞的高科技'卖点'全世界望尘莫及,所以它应该已经超越了单纯的买卖行为,正在演绎一场表达'手段'的革命)。当然也可能先有"你"——后面什么都没有。

体自主选择的权力，他（她）人亦不必为之呲呲。

全篇论述至此导引出一个新的结论：全世界各领域文化发展的评价体系均缺少了一个层次——大师奖！为此本人在此提议：应为世界各个领域文化发展的评价体系分设三个级别——新秀，名家，大师。

滑稽、讽刺与幽默:关于喜剧的表达方式

一 滑稽

滑稽的定义:言行夸张、较真儿至荒唐可笑(简约夸张而较真儿)。即语言,行为(动作):扩大、增强(夸张),盘算、争辩(较真儿)至离谱的状态。典型的例子有卓别林、憨豆、周星驰等。比如周星驰在他的影片《三笑》中、手提着一只蟑螂对其念念有词且嚎啕大哭,以及在《九品芝麻官》中练习口才、说的河里鱼虾乱蹦就属于扩大、增强的夸张;而王景愚先生在 1983 年春晚上的小品《吃鸡》则是典型的盘算、较真儿至离谱的境地。这些夸张的无度与较真儿至荒唐可笑之境的表达,在卓别林、憨豆等人的作品里普遍存在。滑稽可以单靠语言完成、也可以单靠动作完成,还可以语言、动作两者结合完成。滑稽的表达者往往是把自己塑造成笑料儿以示观众,其表达的场所、范围、时间是受到一定限制的:一般都是在专设的场所、特定的时间、或影视作品中来

完成；不适于在日常的工作、生活中展现——特别不适于国家政府之间（狭义外交）、包括民间民众之间，以及各种组织、团体、机构之间（广义外交）的外交场合。

二　讽刺

讽刺的定义：轻蔑而尖锐地嘲弄荒谬（简约轻蔑而尖锐）。讽有"不看着"之意，而轻蔑指"不放在眼里"；则不看着就是不放在眼里；尖锐即刺、"嘲"指取笑"弄"是戏耍；荒谬指非常不合理以至欺诈的行为。由此定义可知，讽刺的意义、作用与滑稽及其他喜剧表达形式有着鲜明的本质区别。它是用比喻、夸张、反语等手法揭露社会黑暗，针砭流俗时弊，鞭挞反动、腐朽与没落的事物；揶揄其伪善、讥刺其奸佞；并对日常生活中人、事之昏聩、愚昧的现象进行挖苦与嘲笑。所以"讽刺是当任何指斥的言词都不足以把愤怒之情表达得酣畅淋漓时转化而来的，较之直言指责更为有力，表达厌恶之情更为强烈的嘲弄手法（百度百科）"。为此其与滑稽之夸张的较真儿和幽默之婉约的沉静及调侃之和乐的取笑——冷、暖分明。这方面的典型的写手古有吴敬梓、鲁迅、契诃夫、莫泊桑、马克吐温等；以及中国当代作家王朔先生的文学作品，杂文、及谈话中的诸多表述。讽刺表达的呈现一般只限于语言和伴之而来的面部表情，而非将其付诸行为、动作；有声片以来尤其如此（默片除外；卓别林在其默片的形体动作和表情的表达中，是聚滑稽、讽刺、幽默于一体的）。讽刺的对象一般都是他（她）人，对方；其适用的场所、范围、时间限定要比滑稽宽泛，涵盖于日常的工作、生活之中——止步于国家政府之间、包括民间民众之间，以及各种组织、团体、机构之间的外交场合。

三 幽默

幽默的定义：婉约而沉静的诙谐（简约婉约而沉静）。"幽"有隐蔽、不公开（不直接）之意，"隐蔽、不公开"指幽之"婉"也——语言含蓄；"默"有不说话、不出声，沉静、不予多言之意——但并非"实指"不声不响，而是指"节省感情（佛洛依德语）"的内心平静与言简意赅。当然在剧作或现实生活里也确有不说话、不出声，仅以动作或表情就能引人发笑的幽默场景；比如卓别林、憨豆在其"默剧中"的某些肢体语言引发的幽默效果[1]，现实中也有类似的例子（在一次'联大限时发言'中，卡斯特罗一上台就掏出手帕盖住了讲台上的计时器，这一无声的动作把大家都幽乐了：就事论事）；诙谐是指"玩笑得当"、大美不俗，这在王小波（已故著名作家 北京）的文字里时有展现。幽默的表达途径与滑稽相似：语言或动作，以及语言加动作；自有声片之后幽默的表达应是以语言为主了。幽默的对象比滑稽与讽刺都宽泛的多，几乎包括了幽默者自己在内的一切人、事；并且其适用的场所、范围、时间基本无限定："特别"是在不适于滑稽与讽刺（包括调侃）的国家政府之间，民间民众之间，以及各种组织、团体、机构之间的外交场合，幽默都可适用。——这就是幽默的定义"婉约而沉静的诙谐，即含蓄、简洁，沉静之'得当的玩笑'"特征：决定了其适用范围的最大，决定了其比任何其他喜剧表达方式有着更广泛的市场，决定了有幽默感的人会得到更多的接受与喜爱以及有幽默特质的主持人其观众缘儿和收视率一

---

[1] 应该有，但我没心思去分析举例：我更热心于标准的确立，无心于具体操作；请热衷于喜剧和喜爱幽默的人们根据定义标准自己去卓别林、憨豆及其他人的喜剧作品中做具体的分析，判别吧。

般都很高——因为它是一种风趣且文雅的互动方式[2]。

附 幽默的种类、底层逻辑与意义

人生中一般都会遇到的感情纠葛、各种矛盾、各种失意尴尬，以至于小病、小灾、生理缺陷等；原则上都可以幽默之。幽默的类型基本上只有两种：一种是对人生中"应有"痛苦——成长、成熟的代价之幽默，就叫"幽默"；第二种是对"不应有的"被别人强加的痛苦——对被痛苦的幽默，这叫"黑色幽默"。对灾难、以生命为代价的悲剧事件不能幽默；对此根本就不宜喜剧化；还有违法犯罪等恶行，一般也不在喜剧表达的范围；但违反伦理的行为很多是可以喜剧化、幽默化的。另外、中国的喜剧舆论场有个"喜剧的内核是悲剧"的说法、这是个完全错误的观点！——恰恰相反：喜剧的客观生活基础（内核）是基本幸福。比如中国大陆的《我爱我家》、《编辑部的故事》，美国的《成长的烦恼》这些经典喜剧，其剧中人物的家庭生活起码都达到了基本幸福的标准。喜剧就是喜剧，不可能含有什么悲剧的内核（悲

---

[2] 风趣的定义：轻松而睿智的表达；文雅的定义：言行平静从容。

剧即灾难、是以死人为标志的，如四大悲剧）、连苦难的内核都不能有！喜剧的本质（底层逻辑）是把幸福生活中人人都会出现的心里、思想、生理之这样那样的言、行矛盾、错误、失落、失恋、虚荣、得意忘形……以及被痛苦之各种不快、荒谬、恶作剧等；用滑稽、讽刺、幽默、调侃之寓教于乐的方式呈现给观众——以此化解、释放掉那些令人不悦的尴尬与羞涩；并且在客观上强调了一个人生常识：谁没悲催过呀？——你、妳还为那些过往的不堪纠结什么？！而幽默在各种喜剧表达方式中的"独特"地位（意义）是：没有幽默的喜剧一般会沦为闹剧。

四　其他

在滑稽、讽刺与幽默之外，有没有其他的喜剧表达方式？比如调侃，定义为：经编排、设计的和乐段子（和乐：相安的笑）；即言词编排、设计巧妙的，使人和睦快乐的"一段儿"笑话（笑话：令人愉快的语言）。它既区别于滑稽的夸张与较真儿（调侃一般不伴有夸张、较真儿的动作），又区别于幽默的含蓄、简洁（幽默时常语带双关、随机闪现，常常是一句短语、甚至一个单词完成；'调侃'指的是：一段儿笑话、即讲段子）；有的含有讽刺，也常有不含敌视与厌恶的内容。其调侃的对象时常不是言说者自己或他（她）的听众，而是针对时弊、陋俗，以及社情、民意和对自然界种种事物的揶揄（嘲讽，戏弄）与谐谑（编排，取乐）[3]。它的适用范围大于滑稽、讽刺（聚会、聚餐的都少不了讲段子），小于幽默——也不适于狭义的外交互动：因为段子一般都较长，且地域有别、习俗不同；广义外交场合则因人、因事而异，有一定的灵活性。

上述各种喜剧表达方式或可独立成剧（比如讽刺喜剧，幽默喜剧），也可混搭成局：把滑稽、讽刺、幽默与调侃，用于同一部喜剧中的不同情节，使之妙趣横生，异彩纷呈。但不论滑稽、讽刺，还是幽默、调侃，以及可能有的其他喜剧方式：在其表达的时候都应该避免低

---

[3] 例一：中央级称首长，省级称领导，地级称兄弟，县级称伙计，乡级称他妈的，村级称狗日的。一天领导秘书通知：近期领导要陪首长来视察工作，兄弟你转告下伙计们，叫他妈的做好准备，别让狗日的给搞砸了！例二：一天猪给驴出了一个难题，问"蠢"字下面两只虫子哪只是公的，哪只是母的；驴绞尽脑汁，还是答不上来，猪骂道：你真是头蠢驴，男左女右嘛，咋那么笨呢！（上述两例调侃都是来自网络的段子，均不含滑稽与幽默的元素；区别只是例一含有嘲弄，例二没有——单纯逗乐）

俗、庸俗，要在通俗（大众化）的基础上达到雅俗共赏的艺术笑果[4]。

有必要补充说明的是：在艺术评价的三个等级中，雅俗共赏一等，低俗二等，庸俗三等。一等已有注解，不赘述；而"下流的趣味（定义）"之低俗为什么排在第二？因为"低俗"在很多影视剧里，由于剧情、内容所致而被需要，甚至是不可或缺的表达方式【附举例】；更出于人性的本能需求、在很多分级制的国家"自然"被法律允许得以堂而皇之——被合理需要就有市场。但"庸俗"的东西没人禁止、理由是它既不违法也不缺德；可因其"浅、陋、愚、凡（定义）"的本质内涵而尽遭唾弃，必置于等而下之的地位——因为不被需要。

【附举例】比如影片《现代启示录》里执行任务途中的空骑师九一支队一架直升机上，一个士兵问另一个士兵"你怎么把钢盔坐屁股底下啦？"那个士兵回答道"怕把鸡巴打飞喽！"这句下流的台词淋漓尽致地宣泄着

---

[4] 雅俗共赏的定义：情趣高致与安于通行的都接受。雅指"情趣高致"，志向、作为超俗求取，全面要好：一部电影各个方面都要精致、完美，有多少奖项要拿多少奖项的那种；俗指"安于通行"，只要故事精彩就行，其他不必苛求——本人就在此列。所以雅俗共赏的作品就是指那些"达到了大众化"的同时避免掉低俗、庸俗之"深入浅出"的情趣高致佳作；这个'浅'指的是大众化的表达，'深'是指触及心灵的理解与信服，而非隐晦难明。

该士兵在战争中的焦虑情绪；再如大陆名剧《雍正王朝》里"追讨国库欠银"一集中，清贵族武将破口大骂汉臣追讨官员"我操你妈田文镜！"、肆意发泄着对汉臣的羞辱与蔑视以及夹杂的对皇命的怨气……这些均为作品的生动、真实、可信增添了触及灵魂的力量！而为了低俗而低俗才是纯粹的低俗：比如某些相声作品整段全是屎、尿、屁，或整段作品全是与别人的老婆暧昧不清。

附文：关于相声

其实相声艺术中包含的喜剧形式最全，甚至包含了众多的戏曲、杂艺。但"相声"这概念的定义却没有包含此一艺术形式的核心内容：逗趣儿【百科：相声一词，古作象生，原指模拟别人的言行，后发展为象声。象声又称隔壁象声。相声起源于华北地区的民间说唱曲艺，在明朝即已盛行。经清朝时期的发展直至民国初年，相声逐渐从一个人摹拟口技发展成为单口笑话，名称也就随之转变为相声】。可"脱口秀"一词的定义倒是精确地道出了这一艺术形式的本质内涵、非常吻合相声表达时"幽默、讽刺、滑稽、调侃"这些最核心的逗趣儿手段

——轻松愉快的吐穗扬花（定义）。中国传统相声众多代表人物作品中之出彩儿、扛梁的招儿也大多是幽默、讽刺、滑稽、调侃；其其它技艺部分获得的掌声应该属于"爱屋及乌"的所得；因为其它技艺、比如各种戏曲演唱，灌口儿、双簧等，不论是谁将其单拉出去演出，都会因卖不出票而得不到市场。文化也有寿命，死了的进博物馆供着就是尊重；民族的不是世界的必要条件，先进的才是世界的必要条件！因此传统相声的前进方向应该是去其糟粕、取其精华之"轻松愉快的吐穗扬花"——脱口秀的方向。而且传统相声的传授之道都是特定时代经济、文化水平低下的产物，已不容于现代的社会环境。"自在生成（本身具有的创造力）"的崔永元们、以及新晋势力《吐槽大会》的李诞们，已经成功地开辟出了新生的、广受欢迎的脱口秀市场。现存的传统相声应该是这一落后于时代之艺术形式的回光返照；除非承载它的文艺环境停滞了发展的脚步，甚至向后倒退。

五　如何学习把握某种喜剧表达方式：以幽默为例

依据前文对幽默的定义：婉约而沉静的诙谐，"你"

可以此为标准,将以往喜剧作品、文学作品中,以及文化名流与政治人物,或坊间流传的经典幽默搜罗、汇集起来;按对象的不同、方式[5]的不同分类——不宜繁杂,到你认为类别清晰、逻辑分明即可。之后就是按此分类去时常的阅读、联想,只是不应死记硬背,否则满口皆是别人的牙慧。阅读、联想的根本目的"是使你体会出其中的规律";次而也会有"熟读唐诗三百首,不会作诗也会吟"之浸润。其他喜剧表达形式的学习、把握,可以此类推。但要强调的是:这里只提供标准与途径,不提供保险;谁也不能保证谁学什么成什么——保险公司没这个险种,长俩儿脑袋那是一种病。

六　关于文艺作品中的恶性刺激

文艺作品、尤其是影视等以镜头画面为主要表达手段的作品,不仅要避免低俗、庸俗,血腥、残暴;还要避免那些令人生厌的肮脏与猥琐。其主要表现为衣着的

---

[5] 比如将常态荒诞化处理:对遍行的世俗、陋行与惯常的规范化事物的极致化;或相反、将荒诞常态化处理,就是对离奇的、不合情理之事物的一般化,以及荒诞之荒诞;还有对被痛苦的幽默、就是黑色幽默,和动作表情幽默等。——示意个大致的路数,细活儿有心者自己去干吧。

脏烂、污秽，身形之卷缩、佝偻，和表情的扭捏、狭丑上。当然，艺术缘于生活、生活源于生存环境，所以着装、身形、表情的肮脏、卷缩、狭丑……一定缘于困境挤压下之求生的现实逼迫；但"高于"生活是艺术的规律、"等于"生活就成"纪录片"了——非艺术类影视。虽然我相信真实情形比"你们"展示出来的还严峻、还不堪，可"艺术的要求"是从视听的"舒展中"去体会创作者的思想情感，不是从"恶性刺激"即让人忌讳的音、像状态中去体会。因为恶性刺激会让受众产生视听抵触引发生理反感，致使创作者要彰显、传播的思想情感达不到预期的效果，甚至相反！过于肮脏、褴褛的衣着，卷缩、佝偻的身形，卑贱、狭丑的表情（周星驰的有些影片'过于'如此，比如《少林足球》我就看不下去）与血腥屠戮、残暴蹂躏一样：会使观者产生恶心、抵触，不堪入目的厌弃感，也属于恶性刺激的一种。所以《辛德勒名单》镜头里展现的法西斯残暴是：从烟筒中飘散满地的焚尸炉灰烬，而不是挣扎、嘶喊着……被塞进焚尸炉的活人。

五 哲学的重生

不必沉默：凡被命名的事物都可以说清
——致路德维希·维特根斯坦：新哲学

哲学的定义：执着于理性的追究表象之本质。执着是爱，理性出智慧（则'执着于理性＝爱智慧'）；追究即研学，表象指被记忆事物[1]的外在景象，本质是构成事物的核心要素。"理性地"追究事物的本质，是人类区别于动物、包括自身对事物"'感性概念'于'经验观念'之'逻辑理念'"[2]的认识表现；是人类特有的属性。而理

---

[1] 事物的定义：活动（运动）的存在。"事"指人类与自然界一切活动（社会生活）、运动（天体运行）的本身；"物"指一切客观的存在。事是物的存在方式；物是事的存在载体。（活动的定义：变化与位移；存在的定义：客观的一切——客观的一切'都在'变化与位移之中）本篇为"新哲学原理"，此为人类社会第二定义：文化动物的本质就是探索（宇宙）创造"文化'事物'"！
[2] 感性概念的定义：对所受触动的景象解读（即对感性事物产生认识、概括为事物的命名；概念）；经验观念的定义：反复于事实的心得解读（对经验事物形成看法、概括为思想观念；但"不能确定"事物规律，因为有黑色的天鹅或阴天不下雨）；逻辑理念的定义：推敲于材料的规律解读（对概念、观念的本质追究，概括为科学的理念）。——综上：感性认识产生概念"初"感受生活；经验认识形成观念"能"把握生活；逻辑认识确定理念"予"创造生活。（认识的定义：建立辨别；概括的定义：全面于扼要；生活的定义：存在的状态。）

性的定义是"逻辑能力",其特点是在反复于事物的概念、表象之后,人脑主动地对该经验事物之不可或缺的核心要素产生了敏锐的感悟或神奇的意念——智慧与灵感[3]！再将智慧或灵感到的该事物之核心要素与现实或历史中的同类事物予以对照,也有通过科学实验验证其核心要素是否普遍或重复地存在于此类事物中；以此确定构成该类事物的本质特征（独有迹象）。继之人类以此本质特征为因、惯性其逻辑能力引发的新的思考,进而付诸实验、实践……并最终创造出应对该类事物之本质特征所带来启发或困扰的解决方法。——依此递进、循序其行,从而使人类社会逐渐摆脱主要依靠分散、孤立之经验观念于生活自身的时代；步入了以"爱智慧"为标志的、执着于理性之科学地推进人类社会文化前进的轨道！由于作为"一切存在"这种物自体与作为"一切存在中'人类本身'"这种物自体之事物性质的不同,对其本质的追究就此区分为两大方向：一是对"存在"这种物自体本身之本质的追究、包括人类自身之生物学课题的自然科学范畴；二是对人类自身"人文价值"之本质的追究—

---

[3] 智慧的定义：敏锐的感悟（敏锐的感悟：灵活犀利地觉察与理解）；灵感的定义：神奇的意念（神奇的意念：出人意料的心思与想法）。

一方法如下:

1. 无论是对"存在"这种物自体之本质及本质之本质(逐级深入)的追究,还是对人类自身"人文价值"之本质[4]的追究,我们都可以通过对"所获经验于'反复推敲[5]'"时引发的"敏锐感悟或神奇意念"来获得。——只不过前者是以人类感觉器官的自身体察及技术延伸之科学仪器为手段来获取"物自体"之事物经验的;后者是通过人们渴望满足自我诉求之幸福与美好的生活于创造文化、享受文化、传承文化的社会活动来获取"人文价值"之事物经验的。

2. 我们还可以通过研读:记述着人们对存在这种"物自体"与人类自身"人文价值"诉求之实践与社会活动的文献(广义);或对日常语言中承

---

[4] 对"人文价值"之本质的追究目前(人类'现有的'经验)看就是要拥有文明的环境以及由此而来之幸福与美好的人生和持续不断的文化追求;"逐级深入"的人文价值之本质的追究:就是人类对孕育出人类的宇宙意味着什么?

[5] 动物对客观事物的把握应该就在"感性认识于经验心得之大脑收获"的范围;形成简单的眼、心、脑各器官生理层面(原始阶段)的感性经验判断:有益、无益,可行、不可行之"经验反应*",不产生敏锐的感悟——动物没有智慧。它们在经验反应上与人相通,为此动物能够把握生活;于逻辑能力时与人相异,所以动物不能创造生活(*反应指'一个'回答;逻辑是'连续'推导)。

载"'基础概念'的文字于'本义分析'"来把握事物的本质。——前者是因为我们无须或无法去重复一遍一切人类经历过的实践与社会活动；后者是因为"基础概念文字"是根基于对人类认识自然、创造文化及自身人文价值诉求实践与社会活动的"原始景象"之概括的描述[6]：纯其所初、得其所由——溯本求源是也。

以上两种对事物本质的把握，最终都是通过定义、公理、定理、定律与规律[7]的方式呈现出来的。它们都是对核心要素的确定，不是对表面现象的总结（如发现黑天鹅、黑山羊之类）；即"真知这一'本原的学问'"非

---

[6] 描述的定义：依样儿修纂（按照原型，完美记载。得意之作谓之完美，称心如愿谓之得意）。人类对自然、人文、及自身创造的事物予以概括描述，形成概念——外化为事物的名称；以此将事物表象"汇于一说"，简约化以便行于世之记载、流传（比如城邦、国家，民主，寡头，地震，文艺复兴；以及金融、资本，摇滚，快闪等等）。像概念产品的概念点就是要好记忆、易传播——它不是技术意义上的概念（本质），而是消费意义上的概念（名称）。如概念车就暂停在概念阶段，若以后投产其概念就会描述为一个名称，即全新产品命名；若不投产此概念就不会命名，以至消失。

[7] 定义的定义：确凿其内涵（高度概括为'确凿'，概念的本质特征是'内涵'）。
公理的定义：共同的依据（整体大于部分；少数服从多数）。
定理的定义：必然的逻辑（毕氏定理凡直角三角形都成立；我的'幸福人口定理'、见'幸福与幸福指数……篇'）。
定律与规律：不变的法则（牛顿运动定律，黑格尔否定之否定发展规律）。

对事物外在特征的归纳，是对事物内在属性的揭示（如毕氏定理、牛顿定律，及艺术、经济与社会发展规律等）。而对"被命名事物'之名'"——概念、予以确切的定义把握，是推导一切公里、定理、定律与规律的逻辑开端。

综上：哲学时代的开启，是以人类"执着于理性地追究表象之本质"为标志的。并在其后将这一哲学培育出来的科学方法分类（自然与社会两大类）、分科儿（对自然、社会两大类别的细化）地运用，实践于社会人文与自然科学领域的方方面面——这就是"哲学乃科学之母"的应有之意吧！但那些古早且由于古早多不成熟的思维方式、思想内容"又或是'基础文化本身的限定'"，不仅造成了传统哲学自身的困惑，更给后来人对它的理解和把握平添了许多艰涩与烦难——并已经对其所涉及到的学科造成了硬伤与误导：比如文化与文明的不分，伦理与道德混淆……而这些艰涩与烦难、硬伤或误导（主要指哲社）的根源应该就是由于对"被命名事物定义不当（不能相等）"以及无法定义所造成的。在对被命名事物定义不当以及无法定义的状态下：对该事物进行推理或试图阐明该事物的本质特征，人们就必然陷入车轱辘话来回转之"自我循环与自相矛盾"的语言困境（告诉、告知于艰难的地步)之中不能自拔,并为诡辩提供了空间——反正没有标准!为此,我们应该对以往的哲学予以扬弃发展,去伪存真、避轻就重:以直追"基础概念之被命名事物的'定义学术'"作为当代《新哲学》的主要内容。——将以往哲学简要化为其源头、与定义的基本方法以及推导出的"基础概念之事物定义"诸案例整合一体,成为必修之公共课程;同《基础几何学》并肩,为一代代人文与自然科学未来的传承者、创造者奠定理性思维的基石。这依然不脱苏格拉底与欧几里得之根脉[8]:把定义作为一切理论与学科展开的前提。因此《新哲学》之根本的宗旨就是:对被命名事物给予"高度概括其本质特征"的定义把握。

---

[8] 苏格拉底出于对国家和人民命运的关心,使哲学"从天上回到人间"——放弃对自然世界的研究,要在伦理问题上求得普遍真理,开始为人文事物寻求定义;但鲜见成效＊。人们大多都能对概念为感性认识与经验使用,却止步于对其定义的面前;特别是在人文哲社领域之基础概念的定义方面。对此维特根斯坦先生选择了实事求是:凡是可以说的事情都可以说的清楚,凡是说不清楚的事情就必须保持沉默。而欧几里得的《几何原本》以 23 个定义、10 条公理为开端,推导出了 465 个定理(真命题)。——(数学、自然科学中的定义比之哲社科学而言是显见、直观、易于把握的;所以定理、定律对于数学、自然科学的支撑作用,比之定义应该更加重要)

＊直至其后的罗素等人也没有解决这一问题:不得已"在无法对'基础概念'事物给出定义之下"将原子理论与数理逻辑引入哲学,使之再入歧途而更加晦涩难明。

有后现代主义者就把哲学定义为"创造概念的学术"。——此"概念"指的是什么？如果指的就是"事物的名称"其概念是被创造的，但那不是哲学的使命：没人认为哲学就是给事物起名字吧？！虽然那很基础而且需要一些心思。如果其"概念"指的是定义倒靠谱了，只是"创造"一词并不符合定义实践活动的真实情形。因为定义是对自然万物与人类自身创造的事物之"已有"本质的追究于"敏锐感悟或神奇意念"的结果——它是被我们发现（自然万物的本质）或创造之后（人类创造事物的本质）被我们发现的[9]：即在事物被概念（命名）之后"发现其本质"的学术。如此、对被命名事物给予"准确"与"高度概括"的定义奠基，就是建立学科（欧几里得）与说清问题（维特根斯坦）的起始点；义正则言顺[10]！这样《新哲学》依然继承着传统哲学乃科学之母的光荣使命，其与"执着于理性地追究表象之本质"的历

---

[9] 自然世界本身是被"上帝"创造出来的，其本质"随身"而至并被自然世界中人类这种"特殊的"被创造物陆续地发现、把握——同时创生"人造事物"而成为"新造物主"并掌控着他们的创造物：如此下去人类可能主宰一切！（上帝的定义：最高的主宰）
[10] 比如物理的定义：存在的逻辑；则物理学就是研究"存在物之间逻辑关系"的学说。人类的定义：文化动物；那么人类学就应该研究"文化的产生、发展、变化之于'人类动物'的作用"。数学的定义：对量的把握；——大小、多少、高低、快慢……

史渊源——爱智慧：一脉相承。

　　传统哲学给人类带来的卓越贡献与核心启示是：历史走进科学皆因人类"执着于'理性'之爱智慧"使然（贡献）；所以任何反理性的社会[11]与非理性的行径都将干扰、阻挠、直至消残人类追究事物本质的热情，进而迟滞文明的建立与文化的发展及社会前行的脚步（启示）。而"宇宙的本源"问题于哲社科学来说是个终极关怀[12]与逻辑推导的问题；于自然科学来说是个不断探索、勇于实践的问题——由此牵引着人类的前行……

---

[11] 因为理性的定义是"逻辑能力"、所以建设理性社会就是要建设一个有逻辑能力的社会。反之、反理性的社会就是反逻辑的社会。
[12] 终极关怀的定义：对出处（起点）与归宿（终点）牵挂于胸。

www.ingramcontent.com/pod-product-compliance
Lightning Source LLC
Chambersburg PA
CBHW030117010526
44116CB00005B/286